Doris Doppler

55 Traffictipps für Ihr Blog

Mehr Besucher gewinnen
durch Blogmarketing

ISBN-10: 148020854X | ISBN-13: 978-1480208544

Erschienen im Eigenverlag: Doris Doppler, Innsbruck

web: www.textshop.biz | www.ddoppler.com
mail: office@textshop.biz

Printed in Germany by Amazon Distribution GmbH, Leipzig

INHALT

Tipps für die Inhalte

Tipps für Publikationen

Dies & das

Worauf es beim Blogmarketing ankommt

Ein Vorwort.

Bloggen kann manchmal ganz schön frustrieren: Sie überlegen sich Themen, recherchieren, schreiben, veröffentlichen, wiederholen das Ganze täglich oder wöchentlich und müssen feststellen: Die Besucher bleiben aus.

Ab und zu verirrt sich zwar ein Leser auf Ihr Blog, aber Sie hatten sich mehr Resonanz erhofft. Vor allem, wenn Sie nicht nur aus purem Spaß bloggen, sondern damit neue Kunden gewinnen wollen.

Die Lösung: Sie müssen Ihr Blog aktiv vermarkten.

Und dabei unterstützt Sie dieses Buch. Hier finden Sie 55 Traffictipps für mehr Besucher – praxisorientierte Anregungen, leicht verständlich, mit vielen Beispielen. Ein praktischer Werkzeugkoffer für Ihr persönliches Blogmarketing.

Doch bevor Sie jetzt in blinden Aktionismus verfallen, machen Sie sich eines bewusst:

Blogmarketing ist mehr als ein bisschen SEO, ein Gastartikel hier, ein Interview da. Beim Blogmarketing geht es nicht darum, auf Teufel komm raus neue Besucher zu gewinnen.

Es geht darum, sich seiner Ziele bewusst zu sein, eine Marke aufzubauen und die Zielgruppe genau zu kennen und bewusst anzusprechen. Und das geht leider nicht von heute auf morgen. Ein Blog muss organisch wachsen, er muss Ihre Persönlichkeit bzw. die Ihres Unternehmens widerspiegeln und mit Echtheit überzeugen. Das ist die Basis für langfristigen Erfolg.

Authentisch sein.

Echtheit wirkt anziehend – das gilt auch für Blogger, die mit Leidenschaft schreiben, die starke Botschaften verbreiten und mit Herzblut bei der Sache sind.

Bloggen Sie daher nur über etwas, das Sie wirklich interessiert, über ein Thema, zu dem Sie immer und immer wieder interessante Artikel verfassen können und das Sie auch über die unvermeidlichen Durststrecken beim Bloggen trägt.

Ihre Leidenschaft wird sich auf den Leser übertragen – er wird in Ihren Gastartikeln oder Interviews spüren, dass Sie mit Engagement bei der Sache sind und einen Blick auf Ihr Blog werfen. Und wenn er hier statt aufgewärmter Allerweltsthemen nützliche und profunde Artikel vorfindet, haben Sie mit größter Wahrscheinlichkeit einen neuen Stammleser gewonnen.

Versuchen Sie auch, beim Blogmarketing so authentisch wie möglich zu sein. Setzen Sie Ihre Stärken gezielt ein. Wenn Sie zum Beispiel ein begnadeter Netzwerker sind, verstärken Sie den Kontakt mit anderen Bloggern und sorgen Sie so für neue Links und Besucher. Wenn Sie ein extrovertiertes Kommunikationstalent sind, werden Sie sich vielleicht auf Twitter wohlfühlen und auf diese Weise viele neue Leser gewinnen. Holen Sie das Maximum aus Ihrer „Lieblings-Marketingtaktik", ohne dabei einseitig zu werden.

Ziele festlegen.

Was wollen Sie eigentlich mit Ihrem Blogmarketing erreichen? Die Leser unterhalten? Sich als Experte positionieren? Eine Marke aufbauen? Eine Community? Durch Werbung Geld verdienen? Mehr Newsletter-Leser gewinnen? Mehr Kunden? Mehr Anfragen? Mehr Teilnehmer für Ihre Online-Kurse? Wie viele pro Monat? Pro Jahr? Was sind Ihre kurz-, mittel- und langfristigen Ziele?

Nur, wenn Sie Ihre Ziele kennen, können Sie die entsprechenden Maßnahmen planen, durchführen und auf ihren Erfolg hin überprüfen. Sie vermeiden Aktionen, die wirkungslos verpuffen, wissen, wo die Reise hingeht und sind motivierter.

Zielgruppe eingrenzen.

Bevor Sie mit dem Bloggen beginnen: Legen Sie Ihre Zielgruppe so genau wie möglich fest. Denn wenn Sie wissen, wen Sie mit

Ihrem Blog ansprechen wollen, fällt Ihnen das Schreiben der Artikel viel leichter – und ebenso das Blogmarketing.

Überlegen Sie sich deshalb: Wen wollen Sie erreichen? Wem wollen Sie helfen? Welche Probleme, Wünsche, Bedürfnisse haben diese Menschen? Was erhoffen sie sich von einem Blog? Wo halten sie sich im Internet auf?

Vielleicht sind Ihre Zielgruppe junge Frauen, die ihr erstes Kind erwarten und eine Unmenge Fragen zu Geburt und Erziehung haben. In Ihrem Blog können Sie sich ausführlich den verschiedenen Ängsten und Unsicherheiten Ihrer Leserinnen widmen und in entsprechenden Foren die Aufmerksamkeit von potenziellen neuen Blogbesucherinnen gewinnen.

Konsistent sein.

Als Blogger sind Sie eine Marke. Marken sind unverwechselbar und einzigartig; sie stehen für etwas Bestimmtes und senden markentypische Botschaften aus. Denken Sie einfach an große Unternehmen wie IKEA oder McDonald's: Sie repräsentieren ein charakteristisches Lebensgefühl, transportieren spezifische Werte und werden dadurch für ihre Zielgruppe interessant. Und sie achten penibel darauf, dass jedes ihrer Signale zur Marke passt.

Für Sie als Blogger gilt das Gleiche: Sie müssen Konsistenz zeigen und widerspruchsfrei kommunizieren. Das heißt, dass Design, Blogtitel, Inhalte usw. dieselbe Botschaft aussenden müssen. Wenn Sie zum Beispiel Ihre Leser in den Blogposts siezen, sollten Sie sie in den Kommentaren nicht einfach duzen. Wenn Sie über Kindererziehung bloggen, sollten die dominierenden Blogfarben nicht schwarz und grau sein. Wenn Sie Gastartikel auf anderen Blogs veröffentlichen, sollten Ihre Aussagen nicht dem widersprechen, was Sie auf Ihrem eigenen Blog behaupten.

So bauen Sie nach und nach eine starke Marke auf und wirken magnetisch auf neue Leser.

Geduldig sein.

Dass das Internet ein schnelles Medium ist, bedeutet nicht, dass auch der Erfolg schnell kommt. Wie im „normalen" Leben gilt auch beim Bloggen: Zuerst kommt die mühsame Aufbauarbeit. Dann kommt der Erfolg. Hoffentlich.

Stellen Sie sich also schon von Beginn an darauf ein, dass sich Ihre Besucherströme eher langsam vergrößern werden. Gehen Sie nicht davon aus, dass sich das Wachstum Ihrer Leserschaft gleichmäßig steigert. Machen Sie sich auch auf Durststrecken gefasst, auf Plateauphasen, in denen Stillstand herrscht und keine Ihrer Trafficmaßnahmen zu fruchten scheint.

In solchen Zeiten hilft es, sich mit erfahrenen Bloggern auszutauschen oder Interviews mit Profibloggern zu lesen – dabei stellt sich immer heraus, dass auch die erfolgreichsten Blogger mit Frustrationen und Rückschlägen zu kämpfen hatten.

Dranbleiben.

Bleiben Sie am Ball: Lassen Sie nicht locker, auch wenn das Bloggen mühsam wird und Sie sich (vermeintlich) lohnenderen Projekten zuwenden möchten. Sobald Sie nicht mehr kontinuierlich bloggen und sich nicht mehr aktiv um Leser bemühen, macht sich das in sinkenden Besucherzahlen bemerkbar.

Mein Tipp: Finden Sie frühzeitig heraus, welcher Bloggertyp Sie sind. Manche Blogger arbeiten einen exakten Redaktions- und Marketingplan aus und sind gerne strukturiert unterwegs. Andere schreiben eine Reihe von Blogartikeln im Voraus, kümmern sich frühzeitig um ihre Newsletter-Inhalte etc. und sorgen so für Motivationsflauten vor. Wichtig ist, dass Sie für Kontinuität sorgen – wie Sie das anpacken, bleibt Ihnen überlassen.

Präsent sein.

Von manchen Bloggern hat man den Eindruck, sie sind überall gleichzeitig – immer wieder taucht ihr Name in den Kommentaren auf, sie werden interviewt, veröffentlichen Gastartikel.

Auch Ihr Name sollte so oft wie möglich auftauchen – nur so bleiben Sie in den Köpfen Ihrer Zielgruppe präsent und werden zu einer Marke.

Damit Sie sich dabei nicht aufreiben, ist es wichtig, Ihre Zielleser punktgenau zu erreichen. Finden Sie heraus, wo sich Ihre Zielgruppe aufhält, wiederholen Sie dort Ihre Botschaften und ziehen Sie mehr und mehr Leser auf Ihr Blog.

Traffic diversifizieren.

Konzentrieren Sie sich nicht nur auf eine Besucherquelle. Richten Sie zum Beispiel nicht all Ihre Bemühungen darauf aus, Ihr Blog bis ins Detail für Suchmaschinen zu optimieren, während Sie gleichzeitig komplett darauf verzichten, neue Leser durch Gastartikel oder Kommentare zu gewinnen.

Warum? Auch die ergiebigste Besucherquelle kann austrocknen – zumindest zeitweise. Stichwort: die berühmt-berüchtigten Algorithmusänderungen von Google. Verfolgen Sie daher verschiedene Trafficstrategien und überwachen Sie deren Ergebnisse. Machen Sie sich nicht abhängig von einer Besucherquelle, streuen Sie Ihr Risiko.

Und denken Sie auch daran: Nicht jeder Traffic konvertiert gleich stark. Stecken Sie Ihre Energie lieber in solche Trafficquellen, die Ihnen vielleicht weniger Zugriffe, dafür aber mehr Abonnenten, Verkäufe usw. bringen.

Flexibel sein.

Es kann manchmal ganz schön frustrierend sein: Da berichtet ein Blogger begeistert davon, wie er mit Artikelmarketing breite Besucherströme auf sein Blog bringt. Motiviert beginnen auch Sie, Artikel in verschiedene Plattformen einzustellen und was ist das Ergebnis? Ein mageres Rinnsal an neuen Lesern.

Leider ist es (wie fast überall) auch beim Bloggen so, dass sich Erfolgsrezepte nicht von ein Blog auf das andere übertragen lassen und schon gar nicht von Nische zu Nische. Jeder Blogger muss selbst herausfinden, wo sich seine Zielgruppe bevorzugt aufhält und wie er sie am besten anspricht.

Außerdem können sich die Besucherströme mit der Zeit ändern. Es kann zum Beispiel sein, dass Ihre Zielgruppe zunehmend Social Media für sich entdeckt und Sie mehr Leser über Twitter und Facebook gewinnen als über Ihren Newsletter. Oder dass Sie immer mehr Leser via Google erhalten, weil Ihr Blog mit der Zeit immer größer und besser verlinkt wird. Auch hier ist Flexibilität im Blogmarketing gefragt.

Allgemeine Tipps

Persönlichkeit

Mensch sein.

Wer hobbymäßig bloggt, zeigt sich meist von einer recht persönlichen Seite. Er lädt zum Beispiel Fotos von seiner Küche hoch, in der er ein neues Rezept für seine Blogleser ausprobiert. Oder er dreht ein kurzes Video über seine Katzen und illustriert damit seinen Katzenblog.

Wer professionell bloggt bzw. ein Unternehmensblog führt, tut sich oft schwerer damit, eine Grenze zwischen Beruflichem und Privatem zu ziehen – auch wenn er weiß, dass ein Blog unbedingt Persönlichkeit braucht, um eine Marke zu werden.

Im Endeffekt bleibt es Ihnen überlassen, wie viel Sie von sich preisgeben. Zwingen Sie sich nicht, Ihre eigenen Grenzen zu überschreiten. Andererseits werden Sie vielleicht merken, dass Sie sich mit zunehmender Blogerfahrung immer sicherer fühlen und mehr Persönliches einfließen lassen. So erhält Ihr Blog mit der Zeit immer mehr Kontur, er wird unverwechselbar und einzigartig. Und das macht starke Marken aus.

Tipps:

- Imitieren Sie nicht den Stil anderer Blogger.

- Suchen und finden Sie Ihre ganz eigene „Blogstimme". Sei es, dass Sie Ihre Posts mit Humor anreichern; sei es, dass Sie sich besonders klar ausdrücken und schnell auf den Punkt kommen.

- Berichten Sie über Ihre Fehler: Projekte, die nicht den erhofften Erfolg brachten; falsch eingeschätzte Entwicklungen; fehlerhafte Prognosen etc. Zeigen Sie, wie Sie mit Rückschlägen umgegangen sind und was Sie daraus gelernt haben.

- Unterfüttern Sie Ihre Artikel mit persönlichen Erfahrungen, Erlebnissen und Fallbeispielen. Ergänzen Sie Theorie mit Praxis.

- Antworten Sie auf Kommentare.

- Arbeiten Sie mit Audio und Video – so werden Sie für die Leser greifbarer.

- Gestalten Sie die Über-mich-Seite persönlich, geben Sie Einblick in Ihre Interessen, in das, was Sie antreibt. Foto nicht vergessen!

- Schreiben Sie Artikel mit Ihrer subjektiven Meinung.

- Auch wenn Sie Persönliches bringen: Behalten Sie immer Ihre Zielgruppe im Auge. Wenn Sie ein Handwerkerblog betreiben, werden sich Ihre Leser eher weniger für Ihr Sachertorten-Rezept interessieren, als für Ihren Ausflug in ein regionales Handwerkermuseum.

Regelmäßigkeit

Verlässlich von sich hören lassen.

Vielleicht kennen Sie das: Sie beginnen voller Begeisterung mit dem Bloggen, Ihr Kopf ist voller Ideen und Sie produzieren täglich hochwertige Artikel.

Doch irgendwann lässt die Motivation nach, wichtigere Projekte schieben sich dazwischen – und Sie veröffentlichen nur mehr hier und da einen Blogpost. Ihr Rhythmus wird unregelmäßig, die Blogpausen häufen sich. Und die Statistik spricht Bände.

Für den Traffic ist es daher wichtig, dass Sie regelmäßig bloggen, dass sich die (Stamm)Leser auf Sie verlassen können. Das ist oft wichtiger als eine tägliche Blogfrequenz.

Vorteile:

- Wenn Sie regelmäßig bloggen, binden Sie die Leser und vergrößern Ihre Stammleserschaft.

- Regelmäßige Veröffentlichungen werden von den Suchmaschinen gern gesehen.

- Sie erarbeiten sich einen Ruf als fleißiger und verlässlicher Blogger bzw. Anbieter.

- Sie profitieren von einer gewissen „Blogroutine" – das Bloggen geht immer leichter von der Hand.

Tipps:

- Wenn Sie für ein Unternehmen bloggen: Erstellen Sie einen Redaktionsplan, abgestimmt auf Firmen- und saisonale Ereignisse; arbeiten Sie vor und erstellen Sie mehrere (zeitlose) Artikel auf einmal.

- Bereiten Sie ein Thema gleich in unterschiedlichen Formaten auf (als Interview, How-to-Artikel, Checkliste etc.). So müssen

Sie sich nicht jedes Mal aufs Neue ins Thema einarbeiten und sind effizienter unterwegs.

- Lassen Sie die erstellen Artikel zu den gewünschten Zeiten automatisch von Ihrer Blogsoftware veröffentlichen.

- Oft ist es so, dass der nächste Blogartikel dringend raus sollte, aber es fehlt an Ideen. Gewöhnen Sie sich deshalb an, Ihre Einfälle immer gleich festzuhalten, sei es in einer Excel-Tabelle, sei es im guten alten Notizbuch.

- Sammeln Sie Gastartikel, die Sie während stressigen Zeiten veröffentlichen können und überbrücken Sie so Flautephasen auf Ihrem Blog.

Transparenz

Mehr geben als andere.

Offenheit und Großzügigkeit: zwei Eigenschaften, mit denen Sie sich von anderen Bloggern abheben können und die Aufmerksamkeit der Community auf sich ziehen.

Punkten Sie mit Transparenz – halten Sie mit Informationen zu Ihrem Thema oder Ihrem Blog nicht hinterm Berg; veröffentlichen Sie Daten, die Ihre Konkurrenz normalerweise verschweigt; geben Sie sich angreifbar.

So erreichen Sie, dass über Sie geredet wird (rechnen Sie auch mit Kritik!) und ziehen neugierige Besucher an.

Beispiele:

- Veröffentlichen Sie regelmäßig Ihre Blogeinnahmen.

- Berichten Sie von Ihren Niederlagen und Fehlern und analysieren Sie sie.

- Verschenken Sie Ihr Wissen großzügig.

- Publizieren Sie Ihre Blogstatistiken.

Dankbarkeit

Sich dankbar zeigen.

Jeder Unternehmer und auch jeder halbwegs erfahrene Blogger weiß, wie wichtig Beziehungen sind – gute Kontakte, tragfähige Netzwerke, kollegiales Miteinander.

Deshalb: Pflegen Sie Ihre Beziehungen – sowohl zu den Bloggerkollegen als auch zu den Lesern.

Dazu gehört, dass Sie sich bedanken. Sei es bei Bloggern, die Sie inspiriert oder als Gastblogger eingeladen haben; sei es bei Lesern, die regelmäßig kommentieren oder Ihre Posts verlinken.

Bedanken Sie sich per Email oder veröffentlichen Sie einen entsprechenden Blogartikel. So initiieren und vertiefen Sie langfristige Verbindungen, von denen alle Beteiligten profitieren. Man erinnert sich an Sie als sympathischen Zeitgenossen, den man gerne zu einem Interview oder einem Gastartikel einlädt, weiterempfiehlt oder beauftragt.

Tipps für die Blogoptimierung

Blogdesign

Schön und praktisch.

Sie kennen es aus eigener Erfahrung, dieses Gefühl, das sich einstellt, wenn Sie zum ersten Mal auf ein Blog surfen. Das Blogdesign bestimmt den ersten Eindruck; es bestimmt, ob das Blog professionell, sympathisch und aufgeräumt wirkt oder amateurhaft, billig und chaotisch. Man fühlt sich unwillkürlich angezogen oder abgestoßen – deshalb ist ein durchdachtes Erscheinungsbild so wichtig für den Traffic.

„Content" ist zwar „King", sollte aber ansprechend präsentiert werden. Das Blogdesign sollte Ihre Marke widerspiegeln und das Lesevergnügen erhöhen; es sollte das Navigieren erleichtern und die Leserbindung verbessern.

Dazu einige Tipps:

Tipps:

- Wie lange ist die Ladezeit des Blogs?

- Signalisiert das Blogbanner deutlich, worum es im Blog geht und wer die Zielgruppe ist?

- Gibt es einen kurzen Einführungstext, der zeigt, was das Blog enthält, an wen es sich richtet und wer der Autor ist?

- Wirkt das Design einfach und einladend oder zersplittert und unübersichtlich?

- Passen die Farben zu Ihrer Branche/Ihrem Thema?

- Ist die Schriftart leicht lesbar?

- Fühlt sich der Leser erschlagen, wenn er auf die Startseite kommt? Finden sich Neulinge zurecht?

- Ist erkennbar, wer für das Blog verantwortlich ist? Ist das Impressum leicht auffindbar?

- Können die Leser schnell und einfach Kontakt mit Ihnen auf-
nehmen?

- Haben Sie zu Ihren Profilen auf Facebook, Twitter, XING etc.
verlinkt?

- Haben Sie eine Über-mich-Seite?

- Ist das Blog leicht zu abonnieren (Email, RSS)?

- Haben Sie Social-Sharing-Buttons eingefügt?

- Ist der Button für das Newsletter-Abo prominent platziert?

- Sind die Sidebars ansprechend gestaltet?

Suchmaschinen-Optimierung

Futter für Google & Co.

Eins vorweg: Suchmaschinenoptimierung (Search Engine Optimization, SEO) ist ein weites Feld. Es gibt viele Tricks und Kniffe, wie man das eigene Blog in den Suchergebnissen von Google & Co weiter nach vorne bringt. Und es tauchen auch immer wieder neue SEO-Tipps auf, zumal sich die Algorithmen der Suchmaschinen laufend ändern.

Was aber wichtig ist und bleibt: originäre (das heißt, eigens für Ihr Blog erstellte) Inhalte, regelmäßig aktualisiert, mit nützlichen Infos für den Leser. Denn Google sieht es am liebsten, wenn die Webuser einzigartige, brauchbare Inhalte vorfinden und belohnt die entsprechenden Blogs mit guten Rankings.

Hier ein paar grundlegende Tipps:

Tipps:

- Keywords: Überlegen Sie, unter welchen Suchbegriffen Sie gefunden werden wollen. Welche Begriffe beschreiben Ihr Themengebiet am besten? Wenn Sie zum Beispiel über UFOs bloggen, werden Sie regelmäßig Begriffe wie „UFO", „Außerirdische" etc. in Ihre Blogartikel einbauen. Finden Sie heraus, welche Suchbegriffe wie oft verwendet werden. Dabei hilft Ihnen das <u>Keyword Tool</u> von Google.

- Title-Tag: Der Title eines Blogposts gehört zu den wichtigsten Rankingfaktoren. Er informiert über den Inhalt des Artikels und erscheint als Überschrift in den Google-Trefferlisten. Formulieren Sie daher einen sinnvollen, beschreibenden Title, der zum Klicken verleitet, und reihen Sie nicht einfach Schlüsselwörter aneinander. Das wichtigste Keyword sollte möglichst weit vorne im Title erscheinen.

- Überschrift: Sie kann, muss aber nicht identisch mit dem Title-Tag sein. Sie können zum Beispiel den Title mehr aus SEO-Gesichtspunkten gestalten, während Sie die Überschrift des Blogartikels eher aus Leserperspektive schreiben (ohne dabei die Blogbesucher durch zu unterschiedliche Formulierungen zu irritieren). Achten Sie aber auch hier darauf, dass Sie das Keyword einfügen, für das der Blogpost ranken soll.

- Keyword-Dichte: Übertreiben Sie es nicht mit den Schlüsselwörtern – die Keyword-Dichte sollte fünf Prozent der Gesamttextes nicht überschreiten. Das heißt, dass ein bestimmtes Schlüsselwort maximal etwa fünf Mal pro hundert Wörtern vorkommt.

- Interne Verlinkung: Verlinken Sie wichtige Keywords auf andere Blogseiten beziehungsweise auf ältere Blogposts (siehe Kapitel „Interne Links“).

- Tags: Bei den meisten Blogging-Plattformen können Sie Tags zu Ihren Artikeln hinzufügen. Das sind Schlagworte, die den Inhalt des Blogposts beschreiben und auf andere Artikel mit demselben Tag verlinken. Zum Beispiel könnten Sie einen Text über Werbebriefe mit „Mailings“, „Direktakquise“ und „Werbetext“ taggen. Achtung: Auch hier sollte Spamming vermieden werden.

- SEO für Bilder: Lassen Sie Fotos, Grafiken und Videos bei der Suchmaschinen-Optimierung nicht außen vor. Google kann die Inhalte von Bildern nicht erkennen und ist daher auf Dateinamen, Title, ALT-Tags und Umgebungstext angewiesen. Fügen Sie also hier die passenden Keywords ein.

- Keyword-Synonyme: Optimieren Sie Ihren Blogpost auch hinsichtlich themenverwandter, ähnlicher Begriffe.

- Backlinks: Versuchen Sie, von wichtigen Blogs und Webseiten verlinkt zu werden, zum Beispiel, indem Sie auf führenden Blogs kommentieren. Je relevanter die Backlinks, umso relevanter stuft Google Ihr Blog ein und listet es weiter vorne. Achten Sie darauf, dass es sich möglichst um Do-follow-Links handelt und dass die rückverlinkende Seite einen guten PageRank hat. Optimalerweise enthalten die Ankertexte der Backlinks die Keywords, die zu Ihrem Blog passen.

Interne Links

Artikel untereinander verknüpfen.

Eine einfache wie wirkungsvolle Maßnahme: interne Links.

Sie machen Ihr Blog nicht nur für Suchmaschinen attraktiver, sondern vor allem auch für Ihre Leser. Diese entdecken Artikel mit Hintergrundinfos oder weiterführenden Gedanken zum aktuellen Blogpost und können sich umfassender über ein Thema informieren. So ziehen Sie die Leser in Ihr Blog hinein und erhöhen die Verweildauer.

Optimieren Sie also die interne Verlinkung über die übliche Menüstruktur hinaus; fügen Sie logische und hilfreiche Verknüpfungen ein.

Vorteile:

- Die Besucher halten sich länger auf Ihrem Blog auf und klicken sich von einem Artikel zum anderen.

- Interne Links werden von den Suchmaschinen gerne gesehen – sie können die Inhalte des Blogs leichter erfassen.

- Ihr Blog wird nutzerfreundlicher, weil Sie die Navigation erleichtern.

- Die Absprungrate der Besucher verringert sich.

- Die interne Verlinkung geht relativ rasch.

Tipps:

- Verlinken Sie im Fließtext relevante Keywords. Nutzen Sie jene Schlüsselwörter, über die Sie gefunden werden wollen, als Ankertext für Ihre Links. Also zum Beispiel statt „Hier lesen Sie mehr über Goldfische" besser „Hier lesen Sie mehr über Goldfische".

- Nutzen Sie auch die Sidebars für interne Verlinkungen. Führen Sie zum Beispiel Rubriken wie „Kategorien", „Archiv", „die meistgelesenen Artikel" oder „aktuelle Blogposts" ein. So erleichtern Sie dem Leser die Orientierung.

- Nutzen Sie Plugins (etwa von WordPress) – sie machen das Verlinken schneller und einfacher.

- Gibt es einen bestimmten Artikel auf Ihrem Blog, den Sie bei Google gern weiter vorne sehen möchten (zum Beispiel ein ausführliches Tutorial)? Dann verlinken Sie von ähnlichen Artikeln auf diesen Post und nutzen Sie dabei die entsprechenden Keywords als Ankertexte.

- Achten Sie auf eine organische interne Verlinkung. Erstellen Sie zum Beispiel keine oberflächlichen Blogposts, die lediglich dazu dienen, auf ältere Artikel zu verlinken.

Überschriften

Auf die Headline kommt es an.

Warum sind die Artikel-Überschriften so wichtig? Überlegen Sie mal, wo die Headline überall aufscheint:

- Google-Trefferlisten (sofern die Headline mit dem Title-Tag identisch ist)

- Verlinkungen auf anderen Blogs

- in Ihrer Sidebar („Aktuelle Artikel", „Beliebteste Artikel" …)

- im Blogarchiv

- Trackbacks

- RSS-Reader

- Verweise wie „Ähnliche Artikel" oder „Verwandte Artikel"

- Social Media und vieles andere mehr.

Oft ist die Überschrift das Einzige, mit dem Sie potenzielle Leser ansprechen können. Deshalb ist es so wichtig, dass Sie sie sorgfältig formulieren (und dabei natürlich nicht vergessen, die entsprechenden Keywords einzubauen).

Hier einige Tipps für wirksame Formulierungen:

Tipps:

- Probleme lösen: Viele Nutzer sind auf der Suche nach einer Problemlösung – zum Beispiel, wie sie die Symptome ihres Heuschnupfens lindern können. Dazu passt eine Headline wie „So bekommen Sie den Heuschnupfen in den Griff".

- Fragen: Bringen Sie die Leser zum Nachdenken, indem Sie Fragen stellen wie „Kann man vom Bloggen leben?"

- Listen: Viele Leser mögen Listen – sie versprechen einen übersichtlichen Aufbau und leicht verdauliche Infohappen. Nutzen Sie dazu Überschriften wie „10 Tipps für sicheren Vermögensaufbau" oder „20 Dinge, die Sie über Shampoos wissen sollten".

- Provokation: Machen Sie neugierig mit Headlines wie „Warum Angela Merkel auf der ganzen Linie versagt hat" oder „Warum lassen Sie sich von Ihrem Chef versklaven?".

- Zauberwörter: Verwenden Sie magische Begriffe der Werbesprache wie „neu", „jetzt", „gratis", „Geheimnis", „einfach" oder „schnell". Zum Beispiel: „Gratis-eBook: Der einfache Weg zu glänzendem Haar".

- Call to Action: Fordern Sie den Leser auf, etwas Bestimmtes zu tun. Zum Beispiel: „Planen Sie jetzt Ihre Silvester-Party!"

Bilder

Was Grafiken und Fotos bringen.

Reichern Sie Ihre Blogartikel mit attraktiven Grafiken und hochwertigen Fotos an. Bauen Sie einen „visuellen Rahmen", der die Textinhalte ergänzt und unterstreicht.

Passende Fotos finden Sie günstig in diversen Microstock-Agenturen (de.fotolia.com, www.dreamstime.com etc.) oder als Creative-Commons-Lizenz etwa bei www.flickr.com.

Vorteile:

- Sie werten das Blogdesign auf und verbessern das Leseerlebnis.

- Wer zufällig auf Ihr Blog surft, bleibt zunächst an den Bildern „hängen" – so können Sie in Sekundenschnelle Interesse wecken.

- Fotos und Grafiken gliedern den Text in leicht lesbare Absätze.

- Wenn Sie die Bilder für Suchmaschinen optimieren, verbessern Sie Ihr Ranking und werden auch besser in der Google-Bildsuche auffindbar.

Tipps:

- Verfolgen Sie Ihre eigene Bildsprache. Setzen Sie zum Beispiel nur Schwarz-weiß-Fotos ein oder knallbunte Bilder oder quadratisches Format. So unterstreichen Sie Ihre „Blog Identity".

- Laden Sie nicht zu große Bilder auf das Blog.

- Nutzen Sie die Bilder für die Suchmaschinenoptimierung. Das heißt vor allem: Benennen Sie die Bilddatei mit sprechenden Worten, denn Google kann nur Text auslesen und erkennt keine Bildinhalte. Wenn Sie zum Beispiel ein Foto mit einem Pferd in Ihren Artikel einfügen, ändern Sie einen Dateinamen wie

„image1.jpg" in „pferd.jpg" oder noch spezifischer in „anglo-arabisches-vollblut.jpg".

- Ein weiterer Faktor für SEO das ALT-tag. Nutzen Sie dieses Textattribut, um das Bild genauer zu beschreiben. Zum Beispiel: „Anglo-Arabisches-Vollblut im Gestüt Westerminde bei Berlin".

- Das Bild bzw. dessen Keywords sollten zum übrigen Artikeltext passen. Je größer die Übereinstimmungen sind, umso relevanter stuft Google das Bild ein.

Kommentar-Benachrichtigung

Über neue Kommentare informieren.

Wer Ihre Blogartikel kommentiert, möchte gerne wissen, wie sich die Diskussion weiterentwickelt, ob es Meinungen zu seinem Kommentar gibt usw. Und das möglichst automatisch – es wird nämlich schnell unübersichtlich, wenn man immer wieder ein Blog besuchen muss, nur um zu sehen, ob es neue Leserkommentare gibt.

Mit einem entsprechenden Plugin kann sich der Leser informieren lassen, wenn es neue Kommentare gibt – ganz einfach per Email. Dazu muss er lediglich die Benachrichtigungs-Funktion aktivieren („Bitte per E-Mail über neue Kommentare informieren") und den Link in der Bestätigungsmail anklicken (Double-Opt-In).

Das ist nicht nur praktisch, sondern fördert auch Diskussionen auf Ihrem Blog und damit die Leserbindung.

Tipp: Bieten Sie den Lesern die Option, sich auch dann über neue Kommentare benachrichtigen zu lassen, wenn sie selbst keinen verfasst haben.

Trackbacks

Rückverfolgungen.

Nutzen Sie Trackbacks, um auf sich aufmerksam zu machen. Worum geht's dabei? Wikipedia hat die Antwort: „Als Track-back (Bezugnahme) wird eine Funktion bezeichnet, mit der Blogs Informationen über Backlinks in Form von Reaktionen bzw. Kommentaren durch einen automatischen Benachrichti-gungsdienst untereinander austauschen können."

Via Trackbacks können Sie also feststellen, ob ein anderes Blog auf einen Ihrer Blogposts verweist, zum Beispiel, indem es ihn verlinkt hat.

Wenn Sie selbst einen Artikel schreiben und auf einen externen Blogpost verlinken, senden Sie einen Trackback über Ihre Blog-ging-Software (bei WordPress geschieht das automatisch via Pingbacks).

Der Trackback erscheint dann unter diesem externen Blogarti-kel, zum Beispiel in den Kommentaren. Er enthält die verlinkte Überschrift Ihres Blogposts und einen kurzen Textauszug.

Vorteile:

- Über Trackback-Kommentare erhalten Sie zielgerichteten Traffic.

- Sie erhalten Backlinks von themenverwandten Seiten.

- Der Autor des Originalartikels wird auf Sie aufmerksam – so können Sie neue Beziehungen knüpfen.

Links

Abseits vom Linkgeiz.

Das Internet lebt von Links. Es ist nicht gedacht als Ansammlung von einsamen Inseln, die nebeneinander existieren und nichts miteinander zu tun haben wollen. Erst durch die intensive Verlinkung von Webseiten und Blogs wird das Internet zu einer bunten Quelle an Information und Unterhaltung.

Wenn Sie also ein Eremiten-Dasein führen und mit ausgehenden Links geizen, tun Sie sich nichts Gutes. Haben Sie keine Angst, Ihre mühevoll gewonnenen Leser durch Verlinkungen auf andere Blogs zu verlieren – das wird nur in den seltensten Fällen passieren.

Deshalb: Verlinken Sie zu wertvollen Ressourcen, führenden Blogs, hochwertigen Webseiten. Ihre Besucher werden es Ihnen danken.

Vorteile:

- Sie machen Ihre Leser auf weiterführende/ergänzende Infos aufmerksam – das wissen Ihre Besucher zu schätzen. So bauen Sie Vertrauen auf und vertiefen die Leserbindung.

- Google schätzt Links auf qualitätsvolle Seiten, die zu Ihrem Thema passen – es stuft Ihr Blog als glaubwürdiger ein.

- Sie ziehen die Aufmerksamkeit der verlinkten Quellen auf sich und erhalten unter Umständen wertvolle Backlinks.

Tipps fürs Vernetzen

Netzwerken

Verbindungen knüpfen.

Wenn Sie sich mit anderen Bloggern bzw. bloggenden Unternehmen zusammentun, können Sie viel mehr erreichen. Ein neues Publikum wird auf Sie aufmerksam; Sie können sich gegenseitig unterstützen und gemeinsam spannenden Projekte durchführen.

Wichtig dabei: Seien Sie großzügig und hilfsbereit; bauen Sie Beziehungen behutsam auf und erwarten Sie nicht zu viel. Auch in der Blogosphäre brauchen Beziehungen Zeit, um zu wachsen. Zielen Sie nicht nur auf die führenden Blogger Ihrer Nische ab, sondern arbeiten Sie auch mit unbekannteren Bloggern zusammen. Zeigen Sie sich beständig – mit Eintagsfliegen arbeitet kein Blogger gerne. Und kommunizieren Sie die Vorteile, die sich aus einer Zusammenarbeit ergeben würde. Machen Sie dem anderen Blogger klar, was er davon hat, wenn er sich mit Ihnen vernetzt.

Tipps:

- Nehmen Sie sich gegenseitig in Ihre Blogrolls auf.

- Machen Sie regelmäßig eine Blogrundschau und weisen Sie auf interessante Artikel Ihrer Kollegen hin.

- Kommentieren Sie auf anderen Blogs.

- Empfehlen Sie Kollegenartikel auf Twitter, Facebook, XING etc.

- Zitieren Sie Kollegen in Ihren Artikeln oder führen Sie sie als Fallbeispiele an.

- Laden Sie sich gegenseitig auf Gastartikel ein.

- Reichen Sie eine konkrete Frage zu Ihrer Branche oder Ihrem Thema herum und sammeln Sie die Antworten in einem Blogpost.

- Verlinken Sie auf Artikel Ihrer Bloggerkollegen – sie werden via Trackback oder Blogauswertung auf Sie aufmerksam.

- Schreiben Sie eine Mail und bedanken Sie sich bei einem Bloggerkollegen, der Sie besonders inspiriert hat.

- Seien Sie nicht nur in Ihrer Nische aktiv, sondern arbeiten Sie auch mit Bloggern aus benachbarten bzw. komplementären Branchen zusammen. Beispiel: „Rezepteblog" mit „Kräuterblog". Hier können sich interessante Ergänzungen ergeben – außerdem ist das Konkurrenzdenken weniger ausgeprägt.

- Planen Sie Offline-Veranstaltungen – zum Beispiel am Rande einer Fachmesse.

Gastbloggen

Neues Publikum erreichen.

Gastartikel auf fremden Blogs veröffentlichen – eine einfache und nachhaltige Strategie für mehr Besucher.

Vorteile:

- Sie erreichen nicht nur mehr Leser, sondern erhalten zielgenauen Traffic. Also qualifizierte Besucher, die sich für Ihr Angebot interessieren, mehr Zeit auf Ihrem Blog verbringen und mit höherer Wahrscheinlichkeit Ihr Blog abonnieren oder sich in Ihre Mailingliste eintragen.

- Sie erhalten wertvolle Backlinks – von themenrelevanten Seiten mit unterschiedlicher Autorität. Das stärkt Ihr Linkprofil und verbessert so Ihr Ranking in den Suchmaschinen.

- Sie steigern Ihre Autorität und fördern Ihr Image. Denn wer immer wieder hochwertige Beiträge auf anerkannten Blogs veröffentlicht, zeigt, dass er zu den Experten seiner Branche zählt und etwas zu sagen hat. Das macht Sie glaubwürdig und anziehend für mögliche Kunden und Kooperationspartner.

Tipps:

- Blogs, die für Gastautoren offen sind, finden Sie über Google: Kombinieren Sie Ihre Nischen-/Branchenbezeichnung mit Suchbegriffen wie „Blog Gastartikel Autoren" oder „Gastbeiträge gesucht".

- Fragen Sie Ihre Blogleser, ob jemand einen Gastartikel von Ihnen veröffentlichen möchte. Auch unter Ihren Twitter-Followern oder Facebook-Fans können sich Gastgeber finden, die sich über einen Artikel von Ihnen freuen.

- Wählen Sie die Gastblogs Ihrer Wahl gezielt aus. Veröffentlichen Sie sowohl auf Topblogs als auch auf kleineren, wachstumsstarken Blogs. Achten Sie darauf, dass die Leserschaft des Gastblogs Ihrer Zielgruppe entspricht, dass es sich um einen lebendigen, regelmäßig aktualisierten Blog handelt und sich die Leser aktiv beteiligen.

- Schreiben Sie ausschließlich nützliche Gastposts mit Mehrwert; begeistern Sie die Leser. Halten Sie mit Ihrem Wissen nicht zurück; bieten Sie Tiefgang.

- Formulieren Sie die Autoreninfo sorgfältig. Geben Sie den Lesern einen guten Grund, Ihr Blog zu besuchen und nutzen Sie SEO-optimierte Ankertexte. Zum Beispiel: „Noch mehr wertvolle Tipps für die Fellpflege bei Hunden finden Sie auf meinem Blog."

- Machen Sie Ihr eigenes Blog attraktiv für die neuen Besucher. Das beginnt beim funktionellen Design, zieht sich über eine ansprechende Über-mich-Seite bis hin zum leicht auffindbaren Twitter-Button.

Gastartikel auf dem eigenen Blog

Laden Sie sich Gäste ein.

Neue Besucher erhalten Sie nicht nur, wenn Sie selbst als Gastblogger unterwegs sind. Auch wenn Sie Gastgeber spielen und Gastartikel auf Ihrem eigenen Blog veröffentlichen, ziehen Sie neues Publikum an – und zwar mit relativ wenig Aufwand und zum Nulltarif.

Vorteile:

- Ihr Blog wächst schneller, bietet öfter frische Inhalte und zieht so mehr Aufmerksamkeit von Lesern und Suchmaschinen auf sich.

- Die Gastautoren werden auf ihren Artikel verlinken, ihn twittern etc. und schicken Ihnen damit neue Besucher – Sie erschließen neue Leserkreise.

- Sie erhalten interessante Blogartikel bequem ins Haus geliefert.

- Die Autoren revanchieren sich wahrscheinlich gerne und laden Sie ihrerseits zu einem Gastartikel ein. So lässt sich's gut netzwerken.

Tipps:

- Finden Sie die ideale Gastartikel-Frequenz: Wenn Sie zu häufig fremde Autoren bringen, verliert Ihr Blog seine Persönlichkeit – die Leser vermissen Ihre Stimme.

- Lehnen Sie oberflächliche Artikel ebenso ab wie Texte, die nur wegen der Backlinks geschrieben werden oder themenfremde Beiträge. Legen Sie die Qualitätslatte hoch – alles andere schadet Ihrem Image.

- Checken Sie, ob es sich um einzigartige Inhalte handelt. Wenn der eingereichte Text schon anderswo veröffentlicht wurde, müssen Sie die negativen Auswirkungen von Duplicate Content in Kauf nehmen.

- Gestalten Sie Ihre ganz persönlichen Richtlinien für Gastartikel: Länge, Themenspektrum, maximale Backlink-Anzahl, Regeln für redaktionelle Änderungen oder Keyword-Optimierungen, das Prozedere der Veröffentlichung etc.

- Verankern Sie diese Richtlinien im Menü Ihres Blogs und verlinken Sie sie am Ende jedes Gastposts.

- Und wie finden Sie Gastblogger? Indem Sie zum Beispiel einen Aufruf in Ihrem Blog, via Twitter, Facebook usw. starten und Ihre Leserschaft bitten, diese Einladung weiter zu verbreiten. Oder indem Sie aktiv auf interessante Bloggerkollegen zugehen, sich in Foren umhören und bei veröffentlichten Gastposts darauf hinweisen, dass Sie sich über neue Gastautoren freuen.

Competitions

In Wettbewerb treten.

Fordern Sie jemandem zum Duell heraus – nein, nicht frühmorgens im nebligen Wald, sondern rein virtuell.

Treten Sie in freundschaftlichen Wettkampf, etwa zu einem Bloggerkollegen, und legen Sie Ziel und Regeln fest. Berichten Sie dann auf Ihrem Blog regelmäßig über den Verlauf, die Herausforderungen, die Höhepunkte und Fehleinschätzungen, die Sie auf Ihrem Weg zum Endergebnis begleitet haben.

Hier geht es nicht in erster Linie um Sieg oder Niederlage, sondern um die Erkenntnisse und Einsichten zu einem bestimmten Thema. Laden Sie deshalb auch Ihre Leser ein, mitzumachen.

Beispiele:

- Jeder richtet ein neues Blog ein. Wer zuerst 200 Euro monatlich durch Werbeeinnahmen verdient, hat gewonnen.

- Wer es schafft, innerhalb von drei Monaten 1000 neue Newsletter-Leser zu gewinnen, erhält einen Preis.

Vorteile:

- Sie binden Ihre vorhandenen Leser (die sich über Ihre Fortschritte und den Spielstand informieren wollen) und gewinnen neue Besucher (die Fans Ihres Gegners und viele andere, die sich für Ihren Wettkampf interessieren).

- Sie lernen im Verlauf des Duells viel Neues – ebenso Ihre Leser. Das ist pures Infotainment.

- Sie präsentieren sich als ehrlicher und fairer Blogger – das tut Ihrem Image gut.

- Sie erhalten viel Stoff für weitere Blogartikel (Tutorials, Checklisten etc.).

Interviews

Gute Gespräche.

Mit Interviews erhalten Sie spannende, einzigartige Inhalte – und das ohne allzu viel Aufwand. Mit guten Gesprächen in Text, Ton oder Video ziehen Sie garantiert neue Besucher auf Ihr Blog. Sei es, indem Ihr Interviewpartner das Gespräch promotet, sei es, weil es sich von selbst in der Blogosphäre verbreitet.

Beispiele:

- Interviews mit Erfolgsmenschen und Gescheiterten

- Interviews mit Experten und Gurus

- Interviews mit Neulingen und Fortgeschrittenen

- Interviews mit anderen Bloggern und Branchenkollegen

Tipps:

- Die Basis für Fragen, die zu ergiebigen, unterhaltsamen Antworten führen: eine ausführliche Recherche zu Ihrem Interviewpartner. Informieren Sie sich über ihn, stellen Sie sich auf ihn ein.

- Ob persönliches Treffen oder ein Gespräch via Telefon oder ein Austausch per Email: Die Form des Interviews bleibt ganz Ihnen und Ihrem Interviewpartner überlassen. Einigen Sie sich auf ein Medium, mit dem Sie sich beide auskennen und wohlfühlen.

- Formulieren Sie Fragen, die sowohl Sie als auch Ihre Leser interessieren – möglichst abseits der üblichen 08/15-Fragen. So bieten Sie nicht nur Ihren Besuchern Mehrwert, sondern inspirieren auch Ihren Gesprächspartner zu interessanten Antworten.

- Zeigen Sie kommunikatives Fingerspitzengefühl: Ihr Interviewpartner steht im Mittelpunkt – nicht Sie und Ihre Erfahrungen. Versuchen Sie aber dennoch, das Gespräch im Fluss zu halten und zusammenhängende Fragen zu stellen.

- Vermeiden Sie Fragen, bei denen der Interviewte mit „Ja" oder „Nein" antworten kann. So kommen Sie nicht zu ergiebigen Antworten. Besser sind offene Fragen wie „wann?", „warum?" oder „was?".

- Bedanken Sie sich noch einmal extra für das Gespräch und schicken Sie Ihrem Gegenüber den Link zum veröffentlichten Interview.

- Führen Sie ein Folge-Interview und fragen Sie nach, wie sich die Projekte/das Unternehmen/das Leben des Gesprächspartners in der Zwischenzeit entwickelt haben.

Diskussionen

Anregen und aufregen.

Meist genügt es nicht, am Ende eines Blogposts zum Kommentieren aufzufordern und die Leser einzuladen, ihre Gedanken zum Thema zu äußern.

Damit tatsächlich eine spannende Diskussion zu Stande kommt, braucht es ein Thema, das stark emotionalisiert, wo die Meinungen weit auseinandergehen, wo zentrale Ängste oder Wünsche der Menschen angesprochen werden, wo sich die Leser provoziert fühlen.

Dann können Sie sich nicht nur über eine lebhafte Diskussion in den Kommentaren freuen, sondern auch damit rechnen, dass sich Ihr Post über Twitter etc. verbreitet – nach dem Motto: „Gerade gesehen: Bei megablogger.com läuft eine interessante Diskussion zum Grundeinkommen – klinkt euch ein!"

Vorteile:

- Sie werden auf anderen Blogs erwähnt, ebenso in Social Media. So erreichen Sie neue Leser.

- Sie binden vorhandene Leser.

- Ihr Blog gewinnt ein dynamisches Image.

- Sie ziehen eventuell die Aufmerksamkeit von Journalisten oder bekannten Bloggern auf sich und werden zu Gastartikeln oder Interviews eingeladen.

- Die Kommentare sind eine Fundgrube für neue bzw. weiterführende Blogartikel.

Tipps:

- Reichern Sie den Artikel mit Statistiken, Infografiken, Videos oder Audio an. So sprechen Sie den Leser auf unterschiedlichen Kommunikationskanälen an.

- Sorgen Sie für eine angemessene Verbreitung Ihres „Diskussionsartikels". Verschicken Sie zum Beispiel zeitgleich Ihren Newsletter und laden Sie Ihre Stammleser zum Diskutieren ein.

- Wenn sich eine angeregte Diskussion in den Kommentaren ergibt, sollten Sie sie sorgsam überwachen. Moderieren Sie und beteiligen Sie sich an der Diskussion.

- Sie können auch das Pferd vom anderen Ende aufzäumen: Gehen Sie dorthin, wo bereits Diskussionen stattfinden (Foren, Blogs, Online-Zeitungen etc.) und ziehen Sie so Traffic auf Ihr Blog. Warum? Sie können davon ausgehen, dass aktuell „heiße" Diskussionen viele Leser anziehen, die auch gerne die Kommentare durchlesen. Ideal ist es natürlich, wenn Ihre neuen Besucher gleich einen thematisch passenden Artikel auf Ihrem Blog vorfinden.

Kommentare

Ihre Meinung sagen.

Qualität, Qualität, Qualität: Das ist das Um und Auf bei dieser Trafficstrategie. Nur, wenn Sie nützliche, informative Kommentare mit Mehrwert liefern, erhalten Sie mehr Besucher auf Ihrem Blog. Substanzlose Meldungen entlarven Sie sofort als Spammer, als Blender und Täuscher, um den man lieber einen großen Bogen macht (und dessen Kommentare oft gar nicht erst freigeschaltet werden).

Also: Kommentare sorgfältig formulieren!

Vorteile:

- Sie lenken zielgenauen Traffic auf Ihr Blog.

- Sie erhalten wertvolle „Linkpower" (allerdings nur bei jenen Blogs, die ihren Kommentarbereich nicht auf Nofollow setzen).

- Sie basteln an Ihrem Ruf als sympathischer Blogger, der sich gerne einbringt und etwas zu sagen hat – und auch solche „weichen" Faktoren tun Ihrer Besucherstatistik gut.

- Sie knüpfen eine Beziehung zum Blogbetreiber (Stichwort Netzwerken).

- Sie entdecken über die anderen Kommentatoren weitere themenrelevante Blogs.

Tipps:

- Bleiben Sie auf dem Laufenden: Abonnieren Sie die Blogs Ihrer Nische – etwa via RSS-Feed. Sie erhalten dann alle Posts frei Haus und erkennen auf den ersten Blick, ob Sie zum aktuellen Artikel einen nützlichen Kommentar beisteuern können.

- Lassen Sie sich aber nicht allein aufgrund der Überschrift zu einem Kommentar verleiten – lesen Sie den Blogpost genau durch. Nur so gelingt Ihnen ein durchdachter Kommentar; Themenverfehlungen sind ganz einfach peinlich.

- Versuchen Sie, zu den ersten Kommentatoren zu gehören – so erhalten Sie die meiste Aufmerksamkeit. Oder antworten Sie auf einen der ersten Kommentare, auch so gelangen Sie ins Blickfeld.

- Kommentieren Sie nicht, wenn Sie verärgert oder wütend sind.

- Verkneifen Sie sich einen Kommentar, wenn Sie eigentlich nichts zu sagen haben. Also kein müdes „Vielen Dank für diesen Artikel, tschüs" oder „Tolles Tutorial!".

- Achten Sie auf die Form: Verwenden Sie kurze Sätze und überschaubare Absätze; Rechtschreibung und Grammatik sollten fehlerfrei sein.

- Behalten Sie den kommentierten Blogpost im Auge. So können Sie rasch reagieren, wenn Sie eine Antwort erhalten und sammeln damit weitere Pluspunkte.

Crowdsourcing

An die Leser auslagern.

Zapfen Sie die Talente, das Wissen und die Fähigkeiten Ihrer Leser („crowd") an und schaffen Sie mit ihnen gemeinsam etwas Neues („sourcing"). Motivieren Sie Ihre Besucher, an interessanten Projekten mitzuwirken. Lagern Sie Arbeitskraft und Kreativität an sie aus.

Eines der bekanntesten Crowdsourcing-Projekte ist Wikipedia. Aber auch viele Unternehmen lagern Projekte an die Community aus – etwa die Suche nach einem neuen Slogan.

Auch als Blogger können Sie sich das Crowdsourcing-Konzept zunutze machen:

Beispiele:

- ein eBook zu einem bestimmten Thema
- ein überdimensionaler Listenartikel
- Ressourcenposts
- Gemeinschaftsblog von Freiberuflern
- Umfragen
- Vortragsreihen
- Online-Magazine

Vorteile:

- Sie erhalten neue Perspektiven zu einem Thema.
- Sie stärken die Leserbindung.
- „Von der Zielgruppe – für die Zielgruppe": Das fertige Projekt schafft Identifikation und erfüllt die Bedürfnisse Ihrer Leser.
- Die Teilnehmer werden ihrerseits das Projekt bewerben – so erhalten Sie Aufmerksamkeit und Backlinks.

Tipps:

- Belohnen Sie die Teilnehmer Ihres Projektes (mit Sachpreisen, Backlinks etc.). Sie sollen nicht das Gefühl haben, ausgenutzt zu werden.

- Stellen Sie klare Regeln auf: Worum dreht sich das Projekt? Wie lange läuft es? Was soll das Endergebnis sein? Wer kann teilnehmen und wie? Wie werden die Gewinner ausgewählt? Wie profitieren die Beteiligten? Wer übernimmt die Organisation? Wie sieht es mit den Rechten an den Beiträgen aus?

Frageseiten

Antworten bieten.

Das Internet ist ein wichtiges Informationsmedium. Viele Nutzer suchen nach Antworten auf die verschiedensten Fragen. Und einige Communities haben sich genau darauf spezialisiert: Der Nutzer kann hier eine Frage stellen und erhält – mehr oder weniger – qualifizierte Antworten.

Einige Beispiele:

www.gutefrage.net

de.answers.yahoo.com

www.fragmal.at

www.reisefrage.net

www.sportlerfrage.net

www.cosmiq.de

www.computerfrage.net

Wenn Sie hier nützliche und hilfreiche Antworten zu Ihrem Themengebiet geben, bauen Sie sich nach und nach einen Expertenruf auf. In Ihren Antworten können Sie auch auf weiterführende Blogposts verlinken und lenken so die Fragenden direkt auf Ihr Blog.

Tipps:

- Achten Sie darauf, konkreten Mehrwert zu bieten und verhalten Sie sich nicht wie ein Spammer.

- Wählen Sie solche Q&A-Communities aus, bei denen sowohl die Besucherfrequenz als auch die Fragequalität hoch ist.

- Übrigens: Solche Frage-Antwort-Plattformen sind auch eine ergiebige Themenquelle für Blogartikel. Suchen Sie einfach nach oft kommentierten bzw. abgerufenen Fragen und schreiben Sie zu diesem Thema einen Blogpost.

Foren

Bringen Sie sich ein.

Der Zweck von Internetforen: Austausch, Hilfe, Unterstützung. Wenn Sie das beachten und auf plumpe Eigenwerbung verzichten, sind Sie dort ein gern gesehener Gast.

Und wer anderen gerne weiterhilft und sich einbringt, wirkt anziehend – die Forenteilnehmern wollen wissen, wer Sie sind, klicken auf Ihre Signatur und werden (sofern Ihr Blog hält, was Ihre Forenbeiträge versprechen) zu neuen Stammlesern.

Also: Googeln Sie nach passenden Foren, schauen Sie sich um und wählen Sie lebendige, aktive Plattformen, auf denen sich Ihre Zielgruppe aufhält. Melden Sie sich an, füllen Sie Ihr Profil möglichst vollständig aus und gestalten Sie die Signatur werbewirksam und nutzenorientiert.

Tipps:

- Forenbesucher haben ein feines Gespür dafür, ob jemand nur der Werbung wegen kommentiert. Und solche Spammer sind nicht gern gesehen. Bemühen Sie sich deshalb, echten Mehrwert zu bieten, seien Sie hilfsbereit, geizen Sie nicht mit Ihrem Wissen.

- Nutzen Sie auch kleinere Foren. Größere Plattformen haben zwar mehr Besucher, aber Ihr Thread rutscht in der Liste auch entsprechend schnell nach unten.

- Holen Sie das Maximum aus Ihrer Signatur (ohne natürlich die Forenregeln zu verletzen). Sagen Sie dem Leser, was er davon hat, wenn er Ihr Blog besucht, bieten Sie Nutzen. Zum Beispiel statt „Hier geht's zu meinem Blog" besser „Täglich neue Expertentipps fürs Fliegenfischen".

- Sie müssen die Besucher nicht unbedingt auf die Startseite Ihres Blogs lenken, sondern können auch eine spezielle Landingpage oder ein themenrelevantes, ausführliches Tutorial als Ziel angeben.

- Präsentieren Sie sich als vertrauenswürdiger Experte, auf den man sich verlassen kann. Das heißt: Verfassen Sie nicht nur hilfreiche Beiträge, sondern lassen Sie sich regelmäßig im Forum blicken.

- Peilen Sie Ihr Zielpublikum präzise an – zum Beispiel, indem Sie eigene Themen eröffnen, die sich exakt den Problemen/Wünschen/Bedürfnissen Ihrer Blogleser widmen. Oder indem Sie entsprechende Keywords verwenden. So bieten Sie maßgeschneiderten Mehrwert und positionieren sich klar.

- Die beste Strategie: Schieben Sie den Marketinggedanken ganz weit weg und tummeln Sie sich vor allem aus Freude am Austausch in Foren. Dann stellen sich die positiven Effekte – sprich mehr Blogleser und Kunden – ganz von selbst ein.

Umfragen

Die Meinung Ihrer Leser.

Viele Menschen mögen es, wenn sie um ihre Meinung gefragt werden (nervige Telefonumfragen mal ausgenommen).

Führen Sie deshalb einfach mal eine Umfrage auf Ihrem Blog durch – vorausgesetzt natürlich, Ihr Traffic und Ihre Stammleserschaft sind bereits groß genug für aussagekräftige Ergebnisse.

Kündigen Sie die Umfrage an, informieren Sie die Leser über den Teilnahmemodus und bitten Sie sie, den Aufruf auch in ihren eigenen Netzwerken zu verbreiten.

Bereiten Sie die Resultate in einem eigenen Blogartikel ansprechend auf, diskutieren Sie die Ergebnisse, vergleichen Sie mit ähnlichen Umfragen aus dem letzten Jahr.

Vorteile:

- Sie sorgen für aktive Leserbeteiligung – das steigert die Identifikation mit dem Blog.

- Sie können das Interesse für ein bestimmtes Thema testen. Davon profitieren Sie als Unternehmen, wenn es um die Entwicklung von neuen Produkten oder Services geht.

- Sie erhalten Stoff für Pressemitteilungen.

- Aus den Umfrageergebnissen können Sie Themen für neue Blogposts ableiten.

Tipps:

- Wählen Sie das Thema der Umfrage sorgfältig aus. Es müssen Inhalte sein, die die Leser wirklich bewegen oder sie sogar in unterschiedliche Lager spalten. Das Thema sollte nicht lauwarm, sondern heiß sein.

- Wenn Ihnen partout kein Thema einfallen will: Sehen Sie sich mal in den entsprechenden Foren um – worüber wird am hitzigsten diskutiert? Wo gehen die Meinungen am weitesten auseinander? Auch der Blick in die Branchennews lohnt sich.

- Sie können auch zu Ihrem Blog eine Umfrage durchführen. Etwa, welche Artikelformate (Tutorials, Interviews etc.) am besten ankommen oder zu welchem Thema eine ausführliche Checkliste gewünscht wird.

- Die Umfrage sollte nicht zu lange laufen. Sehen Sie mal bei themenverwandten Blogs mit einer vergleichbaren Leserschaft nach, wie diese die Umfragedauer gestaltet haben.

- Keep it short and simple: Besonders, wenn es Ihre erste Umfrage ist, sollten Sie sich auf eine Frage mit wenigen Antwortmöglichkeiten beschränken.

Spezialtipp:

Im Internet finden Sie eine ganze Reihe von Werkzeugen, mit denen Sie eine Online-Umfrage durchführen können. Hier eine kleine Auswahl von kostenlosen Anwendungen:

de.surveymonkey.com

polldaddy.com

www.kwiksurveys.com

www.zoomerang.com

Expertenumfragen

Fachleute im Fokus.

Statt ausführliche Interviews mit einzelnen Experten zu führen, können Sie auch den umgekehrten Weg gehen: Überlegen Sie sich eine interessante Frage und reichen Sie sie an mehrere Blogger, Fachleute, Meinungsführer weiter. Bitten Sie sie um ein kurzes Statement, eventuell auch um ein Foto, das Sie dann in Ihrem Blogartikel veröffentlichen.

Auf diese Weise erhalten Sie aussagekräftige Stimmungsbilder der Branche; eine bunte Mischung aus verschiedenen Perspektiven zu einem bestimmten Thema.

Vorteile:

- Sie knüpfen Kontakte zu den führenden Köpfen Ihrer Nische und erweitern so Ihr Netzwerk. Außerdem: Viele Menschen freuen sich, wenn sie um ihre fachliche Meinung gebeten werden.

- Es ergeben sich interessante Vergleiche, weil jeder Experte dieselbe Frage beantwortet.

- Ihre Interviewpartner werden auf deren Blogs von Ihrem Roundup berichten. So erhalten Sie wertvolle Backlinks und Ihr Blog wird bekannter.

- Der Ruf der interviewten Experten wirkt sich positiv auf Ihre Marke aus (Imagetransfer).

Tipps:

- Überlegen Sie sich die Frage sorgfältig, formulieren Sie sie so exakt wie möglich. Es sollten Themen sein, die gerade „heiß" sind und starke Emotionen provozieren.

- Lassen sich die Ergebnisse grafisch darstellen? Damit fallen Vergleiche leichter.

- Machen Sie die Expertenumfrage zu einer regelmäßigen Einrichtung auf Ihrem Blog.

- Überlegen Sie, wie Sie die Aussagen der Fachleute noch verwerten können, zum Beispiel als Aufhänger für eine Pressemitteilung.

Beispiele:

- Unsere Expertenumfrage im Mai: Wie wirksam ist Werbung auf Facebook?

- Wird das Thema Burnout überbewertet? Das sagen Experten

- 10 Expertenaussagen zum Thema „sichere Geldanlage in Krisenzeiten"

Blogparaden

Einen Blogkarneval veranstalten.

Schon mal daran gedacht, eine Blogparade zu veranstalten? Sie ist zwar mit einigem Aufwand verbunden, bringt Ihnen aber viele Backlinks und neue Besucher.

Und so funktioniert's: Sie geben ein bestimmtes Thema vor, zu dem anderen Blogger Beiträge veröffentlichen sollen. Kündigen Sie die Blogparade in einem Artikel an, erklären Sie die Vorgangsweise und Teilnahmebedingungen. Laden Sie Ihre Leser ein, einen Blogpost zum ausgeschriebenen Thema zu verfassen und die Blogparade auch in den eigenen Netzwerken zu promoten.

Die Teilnehmer posten ihre Artikel auf ihren eigenen Blogs, verweisen und verlinken dabei auf Sie als Initiator der Parade und schicken Ihnen dann den entsprechenden Link (per Email oder als Kommentar).

Das Ganze findet innerhalb des Zeitraums statt, den Sie vorgegeben haben – meist wenige Wochen.

Wenn die Parade vorbei ist, erstellen Sie einen zusammenfassenden Blogpost und verlinken zu allen eingereichten Artikeln. Sie können die Beiträge kommentieren, kurz den Inhalt zusammenfassen, positive und negative Aspekte beschreiben.

Als besonderen Service können Sie die Beiträge auch in einem eBook veröffentlichen.

Vorteile:

- Sie sprechen vielen neue Leser an.

- Sie knüpfen Kontakte mit anderen Bloggern, die in derselben Nische wie Sie tätig sind.

- Sie werden vielfach verlinkt.

- Ihre Marke wird gestärkt, Ihr „Autoritätsfaktor" vergrößert sich.

Tipps:

- Fertigen Sie ein Banner zur Blogparade an und platzieren Sie es prominent auf Ihrem Blog. So ist Ihre Aktion stets präsent – bei alten wie neuen Bloglesern.

- Machen Sie Ihre Blogparade an zentraler Stelle bekannt, zum Beispiel auf www.blog-parade.de.

- Bitten Sie auch befreundete Blogger, die Parade anzukündigen.

- Schaffen Sie Mehrwert: Packen Sie alle Beiträge in ein schick formatiertes Gratis-eBook. Aber geben Sie das unbedingt schon beim Start der Parade bekannt.

- Machen Sie Ihre Parade zur fixen Einrichtung: Führen Sie sie regelmäßig durch – etwa einmal im Quartal.

- Es geht auch andersrum: Sie müssen nicht immer selbst eine Blogparade veranstalten – nehmen Sie einfach bei passenden Paraden teil und reichen Sie einen Blogbeitrag ein. Achten Sie darauf, dass Sie nur Top-Artikel erstellen.

Mundpropaganda

Sich empfehlen lassen.

Mundpropaganda ist das beste Marketing – das weiß jeder Unternehmer. Warum? Weil es die ehrlichste Form der Werbung ist. Wenn Menschen von einem Produkt oder einer Dienstleistung begeistert sind, erzählen sie es ihren Freunden und Bekannten. Sie empfehlen das Produkt weiter, freiwillig und ohne jedes finanzielles Interesse, man vertraut ihnen, und das macht Mundpropaganda so glaubwürdig.

Der Haken: Mundpropaganda können Sie kaum beeinflussen, höchstens „anschieben".

Die Voraussetzung: Hochwertiger Content – immer und immer wieder. Ihre Bloginhalte müssen herausstechen – nur so begeistern sie die Leser so sehr, dass diese die Mühe auf sich nehmen, Ihr Blog weiterzuempfehlen.

Tipps:

- Machen Sie das Weiterempfehlen einfach – integrieren Sie die entsprechenden Share-Buttons in Ihr Blog.

- Arbeiten Sie mit Call to Actions. Fordern Sie zum Beispiel am Ende des Blogposts auf, den Artikel zu teilen, etwa so: „Hat Ihnen dieser Artikel gefallen? Dann teilen Sie ihn gleich mit Freunden und Kollegen!"

- Seien Sie hilfsbereit. Wenn jemand in den Kommentaren oder per Email um Rat fragt, unterstützen Sie Ihren Leser großzügig. So etwas spricht sich schnell herum.

- Verschenken Sie ein wertvolles eBook oder einen Report, ohne dass sich der Leser dazu mit seiner Email-Adresse registrieren muss. Laden Sie ihn am Ende des eBooks dazu ein, es auch an seine Freunde und Geschäftspartner weiterzuleiten.

Share Buttons

Teilen einfach machen.

Machen Sie es Ihren Lesern leicht, interessante Blogartikel in deren Netzwerken weiter zu verbreiten. Integrieren Sie die entsprechenden Share Buttons bzw. Plugins in Ihr Blog – so lassen sich Ihre Artikel mit einem Klick teilen.

Vertrauen Sie nicht darauf, dass Ihre Leser die Mühe auf sich nehmen, den Artikellink zu kopieren, dann Facebook oder Twitter öffnen und dort den Link teilen. In unserer schnellen Zeit ist das vielen einfach zu aufwändig. Außerdem: Die Leser werden sich wahrscheinlich weiter auf Facebook und Co umsehen, als zu Ihrem Blog zurückzukehren …

Also: Nutzen Sie die die praktischen Sharing Plugins, die sich leicht in Ihr Blog einbauen lassen. Experimentieren Sie auch mit deren Anordnung – oberhalb, unterhalb oder seitlich der Artikel.

Achtung: Behalten Sie die Datenschutzbestimmungen im Auge.

Beispiele:

- Twitter
- Facebook
- LinkedIn
- Google+
- Delicious
- Mister Wong
- Pinterest
- XING

Facebook

Das Mega-Netzwerk nutzen.

Mit Facebook (www.facebook.de) steht Ihnen eine riesige Online-Community mit ungezählten Möglichkeiten für Austausch, Vernetzung und Präsentation zur Verfügung: Sie können sich mit Lesern und Kunden vernetzen, Notizen veröffentlichen, Fotos und Videos hochladen, Meldungen kommentieren, Beiträge weiterempfehlen, private Nachrichten verschicken, sich über Neuigkeiten informieren lassen, Gruppen beitreten, zu Veranstaltungen einladen und vieles mehr.

Vorteile:

- Sie nutzen das größte soziale Netzwerk in Deutschland mit rund 24 Millionen aktiven Nutzern per August 2012 (Quelle: statista).

- Sie machen sich unabhängiger von Trafficquellen wie Google.

- Sie können überprüfen, welche Inhalte bei Ihrer Zielgruppe gut ankommen – was oft „geliked", kommentiert oder geteilt wird, wird für nützlich und unterhaltsam befunden.

Tipps:

- Wenn Sie eine Facebook-Seite neu anlegen, informieren Sie Ihre Leser darüber (auf Ihrem Blog, im Newsletter etc.).

- Seien Sie sich immer bewusst, dass Ihre Aktivitäten auf Facebook Teil Ihrer Marke sind. Wie Sie die Seite optisch gestalten, was Sie posten und verlinken – all das beeinflusst Ihr Image. Lassen Sie sich durch den informellen Charakter dieses Netzwerkes nicht zu unbedachten Äußerungen hinreißen.

- Machen Sie es Ihren Lesern leicht, sich mit Ihnen auf Facebook zu vernetzen. Platzieren Sie den entsprechenden Link gut sichtbar auf Ihrem Blog, fügen Sie ihn in die Email-Signatur ein etc.

- Werden Sie Mitglied in relevanten Facebook-Gruppen, beteiligen Sie sich dort an Diskussionen, posten Sie Fotos und Videos. So erhöhen Sie die Sichtbarkeit bei Ihrer Zielgruppe und erhalten punktgenauen Traffic.

- Wie in jedem sozialen Netzwerk gilt: Seien Sie zurückhaltend mit purer Werbung; posten Sie lieber nützliche Links, hilfreiche Give Aways, verlinken Sie auf wertvolle Ressourcen. Beschränken Sie sich nicht auf automatische Veröffentlichungen Ihrer Blogposts.

- Beziehen Sie Ihre Leser aktiv mit ein: Machen Sie Umfragen, veranstalten Sie virtuelle Events, fragen Sie um ihre Meinung.

- Interagieren Sie: Kommentieren Sie Meldungen, teilen Sie veröffentlichte Links usw. Facebook ist keine Einbahnstraße.

- Verhelfen Sie alten Blogartikeln zu neuem Glanz und posten Sie immer wieder mal zeitlose, nützliche (Evergreen-)Artikel auf Facebook.

Twitter

Zwitschern Sie mit.

Twitter (twitter.com) ist einfach, schnell und wird von vielen Menschen genutzt. In diesem sozialen Netzwerk können Sie kostenlos kurze Textnachrichten (Tweets) versenden; Ihre Follower lesen die Nachricht in Echtzeit. Sie wiederum können anderen Teilnehmern folgen, deren Meldungen weiterleiten oder kommentieren.

Interessante Meldungen können sich hier in Windeseile verbreiten und auch auf andere Plattformen wie Facebook „übergreifen". Das macht Twitter zu einem wichtigen Werkzeug fürs Blogmarketing.

Vorteile:

- Sie nutzen ein Medium mit einer großen Multiplikatorwirkung.

- Sie verbinden sich mit neuen und alten Lesern und tauchen regelmäßig auf deren Radar auf – unabhängig von Blogabos oder Newslettern.

- Sie stärken Ihre Marke – über Twitter präsentieren Sie nicht nur Ihre Bloginhalte, sondern auch Ihre Werte und Persönlichkeit.

- Sie sind am Puls der Zeit und können auf Trends mit eigenen Blogposts reagieren.

- Sie können das Wissen Ihrer Follower anzapfen – etwa, wenn Sie praktische Beispiele für Ihren aktuellen Blogartikel brauchen oder einen Interviewpartner suchen.

Tipps:

- Bauen Sie Beziehungen auf. In sozialen Medien wie Twitter geht es nicht um Werben und Verkaufen. Es sind die Beziehungen, die Netzwerke und Kontakte, die im Mittelpunkt stehen.

Präsentieren Sie sich deshalb als interessantes, nützliches und großzügiges Mitglied der Community, bauen Sie Vertrauen auf.

- Twittern Sie nützliche Infos – und zwar nicht immer nur die eigenen. Retweeten Sie Meldungen von Bloggern, von denen Sie selbst inspiriert werden; teilen Sie hilfreiche Artikel aus dem Netz. Haben Sie immer die Bedürfnisse und Erwartungen Ihrer Zielgruppe im Auge. Um Sie selbst geht es nur in zweiter Linie.

- Twittern Sie regelmäßig, sonst gehen Sie im Strom der Tweets unter.

- Teilen Sie Tweets. Das hilft nicht nur dem Beziehungsaufbau, sondern bietet auch echten Mehrwert, denn wahrscheinlich interessieren sich Ihre Follower für dieselben Inhalte wie Sie.

- Aktivieren Sie Ihre Follower. Teilen Sie ihnen zum Beispiel mit, wenn bei einem Ihrer Blogartikel eine spannende Diskussion unter den Kommentatoren entbrannt ist. Laden Sie Ihre Follower ein, sich daran zu beteiligen oder einfach mal vorbeizuschauen.

- Achten Sie auf das Branding. Das fängt bei Ihrem Nutzernamen an und zieht sich über das Profilfoto und das Farbschema bis hin zur Beschreibung. Es ist wichtig, dass das Twitter-Profil Ihrem Corporate Design entspricht und sich die Gestaltung mit anderen Social-Media-Profilen (zum Beispiel Facebook) deckt.

- Machen Sie sich mit nützlichen Tools vertraut, die das Twittern erleichtern. Zum Beispiel mit HootSuite (www.hootsuite.com), einem zentralisierten Social-Media-Dashboard, mit dem Sie Ihre Tweets planen und zeitversetzt veröffentlichen können.

Tipps für die Inhalte

Qualitätsinhalte

Das Beste vom Besten.

Bei Produkten ist Qualität das Um und Auf für langfristigen Erfolg. Bei Blogs ist es nicht anders: Nur wer beständig nützliche, profunde und/oder unterhaltende Artikel liefert, wird auf Dauer erfolgreich sein. Bei Lesern wie Suchmaschinen.

Dabei ist es wichtig, den Inhalt an Ihren Blogzielen und Ihrer Zielgruppe auszurichten. Ein Beispiel: Wenn sich Ihr Blog an ein Fachpublikum wendet, sind lange, detaillierte, sachliche Artikel angebracht und werden gern gelesen, weil sie informativ sind. Sie bieten Ihren Lesern damit Qualität. – Wenn Sie hingegen ein Blog führen, das unterhalten und vom Alltag ablenken soll, werden Ihre Leser wahrscheinlich etwas anderes unter „Qualitätsartikeln" verstehen.

Das heißt: Qualitativer Content ist nützlich – er befriedigt die Bedürfnisse und Erwartungen der Blogbesucher. So wird Ihr Blog für Leser und Suchmaschinen relevant und bringt über die verschiedensten Wege neue Besucher.

Tipps:

Gute Hinweise, was unter hochwertigen Inhalten zu verstehen ist, gibt Google. Als Suchmaschine ist Google ständig bestrebt, den Nutzern die besten Treffer zu liefern und bevorzugt daher Webseiten und Blogs, die Qualität bieten.

Hier einige Fragen, die Sie sich als Blogger stellen sollten:

- Stellt der Blogartikel das Thema umfassend dar oder handelt er es nur oberflächlich ab?

- Ist der Artikel einseitig?

- Ist der Artikel kurz und nichtssagend?

- Ist der Blogpost sorgfältig editiert oder enthält er Fehler?

- Könnte man den Artikel auch in einem Magazin oder Buch bringen?

- Enthält der Artikel übermäßig viele Werbeeinschaltungen, die vom eigentlichen Inhalt ablenken?

- Bringt der Artikel originäre Einsichten, Analysen, Forschungsergebnisse?

- Ist das Blog auf die Bedürfnisse der Leser ausgerichtet oder versucht es lediglich, weit vorne in den Trefferlisten zu erscheinen?

Quelle: googlewebmastercentral.blogspot.co.at/2011/05/more-guidance-on-building-high-quality.html

Artikelformate

Was gut ankommt.

Themen lassen sich in den unterschiedlichsten Formaten aufbereiten – vom Interview über Infografiken bis hin zu provokativen Essays.

Dabei zeigt sich aber immer wieder, dass bestimmte Artikelformate besonders gut ankommen. Sei es, weil sie herausragenden Informationswert bieten oder weil sie sich gut bei der Problemlösung einsetzen lassen. Diese Formate bringen Ihnen – je nach Nische und Zielgruppe – immer wieder neue Besucher und können sich zu wahren „Zugpferden" Ihres Blogs entwickeln.

Hier einige bewährte Formate:

Tipps:

- Listen: Sie versprechen leicht verdauliche Infohäppchen und sind besonders für jene Leser interessant, die sich einen schnellen Überblick über ein Thema verschaffen wollen. Außerdem sind sie schnell zu erstellen. Beispiele: „99 Ideen für unvergessliche Geburtstagsparties" oder „Die 10 besten Hausmittel gegen Schnupfen".

- Checklisten: Sie erleichtern Arbeitsabläufe, vereinfachen die Planung und verringern Fehler. Checklisten sind immer wieder gern genutzte Hilfsmittel, werden gerne abgespeichert und weiterempfohlen. Außerdem eignen sie sich für jede Nische und jede Branche. Ein besonderer Service für Ihre Leser: Stellen Sie die Checkliste auch als PDF zur Verfügung.

- Tutorials: Ein dankbares Format für alle Themenbereiche und Branchen: Ausführliche „How to"-Artikel, in denen Sie Ihre Leser Schritt für Schritt anleiten. Zum Beispiel: „So legen Sie einen Kräutergarten an" oder „In 10 Schritten zum eigenen Swimmingpool". Dieses Format bringt den Lesern echten Nutzen und wird entsprechend oft weiterverlinkt.

- Ressourcen-Artikel: Stellen Sie nützliche Hilfsmittel, kostenlose Tools, Quellen für Fotos oder Grafiken, Gratis-eBooks, Apps, Templates, Fonts etc. zusammen. Solche Ressourcen-Artikel helfen den Lesern konkret weiter.

- Vergleiche und Pro-/Contra-Artikel: Beleuchten Sie ein Thema, ein Produkt oder ein Service aus verschiedenen Blickwinkeln, vergleichen Sie sie mit anderen Angeboten, arbeiten Sie das Für und Wider heraus. So bieten Sie Ihren Lesern einen umfassenden Überblick und erleichtern ihnen Entscheidungen.

Spezialtipp:

Noch mehr Ideen für starke Blogposts finden Sie in meinem Buch „55 Artikelideen für Ihr Blog".

Evergreen-Artikel

Zeitloses Wissen.

Immergrüne Klassiker: Evergreen-Artikel sind ausführliche Blogartikel, die über lange Zeit neue Leser bringen. Sei es, weil sie oft verlinkt wurden und/oder weil sie bei Google weit vorne zu finden sind.

Solche „Pillar-Artikel" behandeln ein Thema detailliert und bieten echten Nutzen für den Leser. Es handelt sich dabei meist um Anleitungen, Checklisten, Tutorials etc., also um wertvolle Informationen, auf die der Leser immer wieder zurückgreifen kann.

Mit Evergreen-Artikeln bilden Sie ein solides, zeitloses Fundament für Ihr Blog, quasi den „Kleister" zwischen Artikeln mit kurzlebigen News oder rein subjektiven Meinungen.

Es lohnt sich also, immer wieder mal einen Blogpost ganz bewusst auf seine Langlebigkeit hin auszurichten: Welche Themen sind ein Dauerbrenner? Welche Artikelformate bringen Ihnen auch in fünf Jahren noch neue Leser? Wie lassen sich die Grundlagen Ihrer Nische zeitlos aufbereiten?

Vorteile:

- Sie bieten Inhalte, die für viele Leser interessant sind – denn oft geht es bei Evergreen-Artikeln um Einsteiger-Themen, Basisinfos oder Tutorials.

- Sie schaffen Inhalte, die lange aktuell bleiben und zu einer Standardreferenz in Ihrer Nische werden können.

- Über Google erhalten Sie auch dann noch neue Leser, wenn Ihr Artikel längst im Blogarchiv verschwunden ist. Denn Evergreen-Artikel werden gerne verlinkt und deshalb von den Suchmaschinen als wertvoll eingestuft. Das bringt Ihren Artikel in die vorderen Suchergebnisse.

- Evergreen-Artikel werden oft und gerne weiterempfohlen.

Tipps:

- Holen Sie das Maximum aus Ihren Pillar-Artikeln und überlegen Sie sich alternative Verwertungsmöglichkeiten. Stellen Sie zum Beispiel Ihre beliebtesten Evergreen-Posts als eBook zusammen, das Sie dann neuen Newsletter-Abonnenten als Begrüßungsgeschenk übermitteln.

- Verlinken Sie häufig von anderen Artikeln auf Ihren Pillar-Blogpost. Durch diese interne Verlinkung pushen Sie ihn in den Trefferlisten der Suchmaschinen nach oben.

- Verweisen Sie in Ihrem Newsletter immer wieder mal auf Evergreen-Artikel – sie sind vielen Lesern noch nicht bekannt.

- Optimieren und aktualisieren Sie Ihre Pillar-Posts; reichern Sie sie gegebenenfalls mit Keywords an; überprüfen Sie die SEO der eingebetteten Bilder; kontrollieren Sie, ob die angeführten Zahlen etc. noch aktuell sind.

Projekttagebuch

Ein Projekt als Serie.

Gewinnen Sie Besucher durch ein „Live-Projekt": Starten Sie ein Projekt und lassen Sie die Leser an dessen Fortschritt teilhaben. Halten Sie jeden Ihrer Schritte fest, berichten Sie über Ergebnisse, über Erfolge und Niederlagen. Legen Sie Zwischen- und Endziele fest, argumentieren Sie Strategieänderungen, informieren Sie die Leser, wie Sie auf neue Einflussfaktoren reagieren.

So animieren Sie so manchen Leser, ähnliche Projekte durchzuführen und über die Ergebnisse zu berichten; andere Leser werden allein aus dem Grund immer wieder auf Ihr Blog zurückkehren, weil sie wissen wollen, wie sich Ihr Vorhaben entwickelt und welche Ergebnisse es bringt.

Allerdings: Sie müssen von vornherein die Möglichkeit des Scheiterns einbeziehen. Es sollte für Sie grundsätzlich also kein Problem sein, vor aller Öffentlichkeit einzugestehen, dass sie Ihr Ziel nicht erreicht haben.

Vorteile:

- Sie locken neue Besucher an und binden vorhandene Leser – sie erwarten schon ungeduldig die nächste Folge Ihrer „Projekt-Doku".

- Das Projekt sorgt immer wieder für spannende Bloginhalte – so sparen Sie sich Recherche und Themensuche.

- Sie knüpfen neue Kontakte zu Bloggern und können sich gegenseitig unterstützen.

- Sie sind motivierter, weil Sie wissen, dass Ihre Blogleser den Fortschritt und die Ergebnisse Ihres Projektes verfolgen.

- Nach Projektabschluss steht Ihnen ausreichend Material für andere Artikelformate zur Verfügung – etwa für Tutorials oder Fallstudien.

Beispiele:

- So gewinne ich 3000 Newsletter-Abonnenten in einem Jahr

- So baue ich ein neues Blog zum Thema Zierfische auf

- So wandle ich meine Blogartikel in multimediale Inhalte um und verdiene damit 20.000 Euro im Jahr

Themenwochen

Alles unter einem Motto.

Machen Sie's wie viele Restaurants: Starten Sie Themenwoche auf Ihrem Blog. Das heißt, veröffentlichen Sie eine Woche lang nur zu einem bestimmten Thema Artikel.

So könnte etwa ein Gesundheitsblog eine Woche lang nur über Männergesundheit berichten; ein Unternehmerblog über Motivation; ein Designblog über skandinavisches Design.

Vorteile:

- Sie können ein Thema in aller Ausführlichkeit behandeln und bieten den Besuchern „alles aus einer Hand".

- Sie schaffen hochwertige Infos, die Sie auch anderweitig (eBooks etc.) verwerten können.

- Sie ziehen die Aufmerksamkeit Ihrer Branche/Nische auf sich. Viele Besucher werden jeden Tag vorbeischauen und die neuen Artikel lesen.

Tipps:

- Wählen Sie das Thema sorgfältig aus. Es sollte nicht nur eine Randgruppe Ihrer Leserschaft interessieren. Nehmen Sie Ihre Blogstatistik zur Hand und eruieren Sie, welche Artikel und Themen besonders regen Zuspruch erfahren haben.

- Unterstützen Sie die Themenwoche auch optisch. Gestalten Sie zum Beispiel ein Logo, mit dem Sie die einzelnen Artikel versehen. Oder weisen Sie direkt im Blog-Logo auf die Aktion hin.

- Sie können sich mit anderen Branchenblogs zusammenschließen und gemeinsam mit ihnen eine Themenwoche durchführen.

- Zehren Sie auch nach der Themenwoche von Ihren Artikeln und verweisen Sie im Blogmenü auf die gesammelten Artikel.

- Alternativ können Sie an einem bestimmten Wochentag über ein Thema berichten, zum Beispiel einen Monat lang.

- Variieren Sie die Artikelformate – Interviews, Checklisten, Pro-/Kontra, Tutorials, Infografiken etc. So können Sie die verschiedensten Aspekte des Themas beleuchten.

Awards

Auszeichnungen vergeben.

Machen Sie mit einem besonderen Event auf sich aufmerksam: Vergeben Sie einen Preis.

Zum Beispiel:

- Ein Literaturblog prämiert das beste Haiku.

- Eine Konditorei sucht die originellste Cupcake-Verzierung.

- Ein Fotografieblog zeichnet die beste Fotoserie aus.

Vorteile:

- Man nimmt Sie als Meinungsführer wahr, als Autorität in Ihrem Gebiet.

- Sie können die Preisverleihung regelmäßig durchführen (zum Beispiel jährlich) und machen sie so zu einer Institution.

- Der Award ist der perfekte Inhalt für erfolgreiche Pressearbeit – sowohl bei der Ankündigung als auch bei der Vergabe.

- Sie erhalten nicht nur neue Besucher, sondern auch zahlreiche Backlinks.

Tipps:

- Überlegen Sie sich die Kriterien der Preisvergabe sorgfältig: Wer ist für die Teilnahme qualifiziert? Können sich die Teilnehmer selbst anmelden oder werden sie nominiert? Welche Daten müssen sie beim Anmeldeformular angeben? Wie lange läuft der Bewerb? Wie wird der Sieger ermittelt? Wie wird er verständigt? Sind die Teilnahmebedingungen lückenlos und leicht verständlich formuliert? Beachten Sie auch die rechtlichen Rahmenbedingungen – zum Beispiel die Nutzungsrechte an eingereichten Fotos.

- Sorgen Sie für attraktive Preise. Als bloggendes Unternehmen findet sich vielleicht ein interessanter Preis in Ihrer Produktpalette. In anderen Fällen wird ein thematisch passender Sponsor nötig sein.

- Eine mögliche Variante: Überlegen Sie sich Thema und Name für eine spezielle Auszeichnung (zum Beispiel „Die fleißigsten Gartenblogger"), entwerfen Sie ein „Award-Logo" und verlinken Sie zu einer Reihe von Ihnen ausgewählten Gewinnern. In den Regeln zu Ihrem Award halten Sie fest, dass die Gewinner auf Ihr Blog verlinken, ihrerseits den Preis an fleißige Gartenblogger weitergeben und auf Sie als Initiator hinweisen. So machen Sie sich innerhalb Ihres Genres bekannt(er). Die negative Seite: Diese Form von Awards wird schnell inflationär und verliert damit an Wert.

- Nehmen Sie auch selbst an Awards teil – etwa an Wettbewerben, die das beste Blog in einer bestimmten Nische (zum Beispiel das beste Coaching-Blog) auszeichnen.

Blogrundschauen

Der Blick in die Bloggerwelt.

Werfen Sie einen Blick über den Zaun und präsentieren Sie interessante Artikel von anderen Blogs in Form von Blogrundschauen („Roundups").

Sie können dabei unterschiedlich vorgehen:

- Die knappe Variante: Listen Sie einfach Blognamen und die (verlinkten) Titel der Blogposts untereinander auf.

- Die ausführliche Variante: Stellen Sie jeden Blogartikel kurz vor und fassen Sie die wichtigsten Inhalte zusammen.

- Die regelmäßige Variante: Machen Sie den Rückblick zu einer fixen Einrichtung – etwa eine wöchentliche oder monatliche Rundschau.

- Die unregelmäßige Variante: Veröffentlichen Sie eine Blogrundschau, sobald sich interessante Artikel angesammelt haben.

Vorteile:

- Die von Ihnen erwähnten Blogger werden (falls sie Ihr Blog verfolgen, einen Google Alert eingerichtet haben o. ä.) auf Ihre Rundschau aufmerksam, sind erfreut und dankbar über die Erwähnung – und das ist die beste Basis für zukünftige Gastartikel, Interviews usw. So erreichen Sie in der Folge auch die Leser Ihrer Bloggerkollegen.

- Auch für Ihre Leser öffnen Sie neue Fenster. Sie machen sie auf Blogs aufmerksam, die dieselben oder ähnliche Themen behandeln und bieten dadurch informativen Mehrwert.

Tipps:

- Wenn Sie eine umfassende Rundschau publizieren, dann gliedern Sie sie entsprechend. Fassen Sie zum Beispiel die präsentierten Artikel thematisch zusammen, fügen Sie passende Überschriften ein. So kann sich der Leser schnell orientieren.

- Um Ihr Netzwerk zu stärken, können Sie am Ende der Blogrundschau auch einen kleinen Aufruf starten – etwa so: „Haben Sie einen Artikeltipp für unsere nächste Blogrundschau? Einfach mailen an blog@travelsite.at"

- Teilen Sie interessante Artikel auch via Social Media.

- Drehen Sie den Spieß um: Kontaktieren Sie themenverwandte Blogs, die immer wieder mal Rundschauen veröffentlichen und machen Sie sie auf Ihr Blog aufmerksam. Und vielleicht findet sich einer Ihrer Artikel schon im nächsten Roundup wieder.

Blogempfehlungen

Blogs ans Herz legen.

Das Prinzip ähnelt den Blogrundschauen, nur dass Sie nicht einzelne Artikel empfehlen, sondern ganze Blogs.

Zum Beispiel:

- Die 10 besten Blogs für SEO

- Diese Hundeblogs müssen Sie kennenlernen

- 5 Veganerblogs, die Sie unbedingt lesen sollten

Dieser Traffictipp wird Ihnen dann kurzfristig neue Leser bringen, wenn die empfohlenen Blogger ihr Netzwerk auf Ihre Empfehlung aufmerksam machen. Fast wichtiger sind allerdings die entstehenden Beziehungen zu Ihren Bloggerkollegen, die zu Interviews, Gastartikeln, gemeinsamen Projekten usw. führen und damit längerfristig mehr Besucher bringen können.

Tipps:

- Stellen Sie die ausgewählten Blogs kurz vor, zeigen Sie was das Besondere an ihnen ist, halten Sie mit Ihrer Begeisterung nicht hinterm Berg.

- Sie können auch die jeweiligen Blogger um ein kurzes Statement bitten – so können Sie auch sicher sein, dass diese von Ihrer Empfehlung erfahren.

- Vergessen Sie auch nicht, diese Blogs in Ihre Blogroll aufzunehmen.

- Laden Sie die Leser ein, in den Kommentaren weitere Blogs zu empfehlen und ihre Empfehlung auch zu begründen.

- Sie können die Blogs in einem einzigen Artikel gruppieren und vorstellen – Sie können aber auch einzelne Blogs in jeweils separaten Posts ausführlich präsentieren (zum Beispiel als „Blogempfehlung des Monats").

Aktuelle Themen

Auf den Zug aufspringen.

Picken Sie sich solche Themen heraus, die gerade „heiß" sind; Dinge, über die gerade jeder redet. Das können bahnbrechende technologische Innovationen sein oder politische Skandale, Hiobsbotschaften aus der Wirtschaft oder überraschende Branchennews. Themen, über die sich jeder informieren will, bei denen viele mitreden wollen.

Nutzen Sie das aktuelle Interesse der Menschen, diskutieren Sie diese Ereignisse auf Ihrem Blog – sei es in einer nüchternen Analyse oder einem subjektiven Artikel. Nehmen Sie ein kurzes Video auf, in dem Sie Ihre Meinung sagen, oder zeichnen Sie einen Cartoon. Machen Sie Prognosen über die zukünftigen Entwicklungen oder blicken Sie in die Geschichte zurück.

Auf diese Weise können lebhafte Diskussionen in den Kommentaren entstehen; Sie ziehen die (kurzfristige) Aufmerksamkeit auf sich, werden in den Social Media erwähnt und verlinkt.

Wo finden Sie aktuelle Themen?

Tipps:

- Foren
- führende Branchenblogs
- Google Trends (www.google.de/trends)
- Branchenmedien
- Twitter/Facebook

Live-Blogging

Hautnah dabei.

Bieten Sie Ihren Lesern ein Live-Erlebnis – bloggen Sie in Echtzeit von einem spannenden Event.

Das heißt, Sie veröffentlichen laufend neue Updates, anstatt nach der Veranstaltung einen Bericht zu schreiben. So hat der Leser das Gefühl, hautnah dabei zu sein und nichts Wichtiges zu verpassen.

Sie können den Artikel auch mit Fotos anreichern oder kurzen Interviews – seien Sie kreativ.

Beispiele:

- Vorträge

- Podiumsdiskussionen

- Konferenzen

- Konzerte und Festivals

- Proteste

- Preisverleihungen

- Sportwettkämpfe

Tipps:

- Machen Sie Ihre Hausaufgaben: Erkundigen Sie sich, wie es mit den technischen Gegebenheiten während des Events aussieht (Stichwort: Internetverbindung). Entscheiden Sie, von welchem Gerät aus Sie bloggen werden, ob Sie auch Fotos veröffentlichen wollen, ob Sie durchgehend bloggen oder nur während der Höhepunkte etc.

- Bringen Sie so viel wie möglich von der Veranstaltung in Erfahrung: Eignet sie sich überhaupt fürs Live-Blogging? Oder wird es zu eng, zu dunkel, sind die Vorträge zu kompliziert, zu zahlenlastig etc. Machen Sie sich mit dem Ablauf des Events vertraut.

- Kündigen Sie die „Live-Übertragung" rechtzeitig an – auf Ihrem Blog, in Social Media, in Ihrem Newsletter. Basteln Sie einen extra Banner, den Sie prominent auf Ihrem Blog platzieren.

- Nutzen Sie praktische Plugins wie zum Beispiel „Live Blogging" von WordPress (wordpress.org/extend/plugins/live-blogging).

- Bloggen Sie nur die wichtigen und interessanten Dinge – andernfalls langweilen Sie Ihre Leser und kommen mit dem Schreiben nicht mehr hinterher.

- Üben Sie. Live-Blogging ist eine komplexe Angelegenheit, bei der man schnell überfordert ist. Fangen Sie klein an und versprechen Sie nicht schon beim ersten Mal eine perfekte Multimedia-Show.

Audio

Ihre Stimme einsetzen.

Bieten Sie Ihren Besuchern interessanten Hörstoff – mit MP3-Dateien. So erreichen Sie auch jene Leser, die akustische Information und Unterhaltung bevorzugen.

Die Einsatzmöglichkeiten sind vielfältig: ein Interview mit einem Bloggerkollegen; Mitschnitte von Diskussionen oder Vorträgen; Vertonungen von Büchern; Podcasts – also eine zusammenhängende Serie von Hördateien.

Diese Podcasts können Sie übrigens auch bei entsprechenden Portalen einreichen – so sprechen Sie ein größeres Publikum an.

Zum Beispiel:

- www.apple.com/de/itunes
- www.podcast.de
- www.podster.de
- www.dopcast.de

Vorteile:

- Mit Audiodateien bringen Sie Abwechslung in Ihr Blog und haben einen Vorteil gegenüber vielen Wettbewerbern.

- Sie werden für Ihre Leser „greifbarer" – sie können sich ein besseres Bild von Ihnen machen.

- Wenn Sie Podcasts in Ihrem Unternehmensblog einsetzen, können Sie bei potenziellen Kunden Vertrauen aufbauen. Denn diese können leichter feststellen, ob die Chemie stimmt.

- Die Blogbesucher können sich auch dann mit Ihren Inhalten beschäftigen, wenn Lesen unmöglich ist. Sie können Ihre MP3s zum Beispiel während der täglichen Joggingrunde oder beim Kochen anhören.

- Wenn Sie Ihren Podcasts bei diversen Verzeichnissen einreichen, profitieren Sie von Backlinks und gewinnen neue Besucher.

Tipps:

- Sie brauchen kein teures Equipment für ansprechende Podcasts. Fürs Erste genügt ein ganz normales Mikrofon und eine kostenlose Aufnahmesoftware wie www.audacity.de.

- Wenn Sie regelmäßig mit Hördateien arbeiten: Fassen Sie die wichtigsten Aussagen in Textform zusammen; bieten Sie im Idealfall eine komplette Abschrift. Denn nicht jeder Besucher kann oder will die Datei anhören. Außerdem geben Sie dadurch den Suchmaschinen mehr Inhalte.

- Machen Sie Ihren Podcast zu einer regelmäßigen Einrichtung (wöchentlich, monatlich). Das erhöht die Leserbindung.

Video

Sich sehen lassen.

Präsentieren Sie sich in Bild und Ton – in gut gemachten Videos. Damit bieten Sie Ihren Besuchern unterhaltsamen Mehrwert und heben sich vom Wettbewerb ab.

Experimentieren Sie mit verschiedenen Video-Formaten – Sie müssen nicht gleich mit einem hochprofessionellen Video glänzen.

Probieren Sie vielleicht erst mal einen Screencast aus. Dabei zeichnen Sie zum Beispiel auf, wie Sie ein Foto nachbearbeiten. Der Zuseher sieht dann die Abläufe auf dem Bildschirm und hört Ihre Stimme.

In Talking-Head-Videos sprechen Sie direkt in die Kamera und erläutern ein bestimmtes Thema.

Sie können sich auch filmen lassen – etwa, wenn Sie einen Vortrag halten oder ein Produkt herstellen.

Und natürlich gehören auch Interviews zu den klassischen Video-Inhalten. Dabei können Sie sich im selben Raum mit Ihrem Gegenüber befinden (etwa in einem Studio) oder den Partner via Skype interviewen.

Vorteile:

- Die Blogbesucher hören *und* sehen Sie. Sie werden mit der Zeit immer vertrauter; Ihr Image erhält mehr Substanz.

- Videos sind wichtig für den Unterhaltungsaspekt des Internets und werden von Google hoch gerankt. Immer mehr Leute suchen nach Videos – und davon können Sie profitieren.

- Wenn Sie Ihre Videos bei Plattformen wie YouTube (www.youtube.de) einstellen, ziehen Sie neue Besucher auf Ihr Blog.

- Gut gemachte Videos verbreiten sich oft wie von selbst. Das heißt für Sie: mehr Backlinks, mehr Leser, mehr Reputation.

Tipps:

- Integrieren Sie ein (Begrüßungs)Video auf der Startseite Ihres Blogs. So hinterlassen Sie bei neuen Besuchern gleich einen sympathischen Eindruck – und das kann sich besonders bei bloggenden Freiberuflern als vorteilhaft für die Akquise erweisen.

- Bieten Sie den Lesern eine schriftliche Zusammenfassung von (Lehr)Videos. So erhalten sie einen schnellen Überblick und können entscheiden, ob sie sich das (lange) Video ansehen wollen oder nicht.

- Optimieren Sie Ihre Videos für Suchmaschinen – verwenden Sie die entsprechenden Schlüsselwörter in Dateiname, Titel, Beschreibung, Tags etc. Ergänzen Sie Ihre Video-Blogposts mit genügend Text als Futter für Google.

- Anstatt Ihr Video manuell bei den verschiedenen Verzeichnissen einzustellen, können Sie auch Verteilservices wie www.videocounter.com nutzen.

Tipps für Publikationen

Fallstudien

Leser gewinnen mit Case Studies.

Berichte aus der Praxis wirken auf Leser ungemein anziehend – sie erfahren fernab von trockener Theorie, wie eine Methode oder ein Produkt im Alltag wirkt, wo die Vorteile und Schwächen liegen.

Der Vorteil für Sie: Mit Fallstudien beweisen Sie Ihr Können quasi „am lebenden Objekt" – und zwar glaubwürdig und mit nachprüfbaren Fakten. Sie zeigen, wie Sie ein Problem erkannt, bearbeitet und gelöst haben. Seien es Kundenprojekte oder eigene Vorhaben wie zum Beispiel ein neues Nischenblog.

Es wirkt zum Beispiel viel überzeugender, wenn Sie Aussagen wie „Unser neues Lagersystem senkt die Kosten um bis zu 15 %" mit einem konkreten Fallbeispiel untermauern. Oder wenn Sie zum Thema Buchmarketing bloggen und zeigen, wie Sie die Einnahmen aus Ihrem neuesten Roman mit speziellen Werbemaßnahmen steigern konnten.

So bauen Sie mehr Vertrauen bei Ihren Lesern auf und stärken Image und Leserbindung.

Übrigens: Sie können auch Projekte von Bloggerkollegen oder Lesern als Fallstudie bringen. Starten Sie einfach einen Aufruf, laden Sie die Leute ein, sich mit ihrem Projekt bei Ihnen zu bewerben.

Tipps:

- Zunächst beschreiben Sie die Ausgangslage – also das Problem Ihres Kunden oder Ihre eigene Situation, die Sie verbessern wollten.

- Dann zeigen Sie, wie Sie bei der Problemlösung vorgegangen sind und warum Sie bestimmte Methoden gewählt haben. Konzentrieren Sie sich auf das Hauptproblem; verzetteln Sie sich nicht mit Nebenschauplätzen.

- Zum Schluss diskutieren Sie das Ergebnis: Welchen quantifizierbaren Nutzen konnte der Kunde verzeichnen, als er Ihr Produkt oder Ihren Service eingesetzt hat? Welche qualitativen Verbesserungen gab es?

- Setzen Sie Grafiken und Tabellen ein, um Sachverhalte anschaulich zu illustrieren.

- Wenn Sie eine Kunden-Fallstudie bringen: Lassen Sie auch den Anwender zu Wort kommen – Zitate lockern den Text auf und machen ihn glaubwürdiger.

- Generell gilt: Verfallen Sie nicht in unverständlichen Technikerjargon. Schreiben Sie einfach, leicht verständlich und unterhaltsam.

- Bei der Detailgenauigkeit ist Fingerspitzengefühl gefragt. Die Fallstudie soll nicht oberflächlich und beliebig wirken; der Leser soll nicht das Gefühl haben, dass ihm die eigentlich wichtigen Projektinfos vorenthalten werden. Andererseits sollten Sie auch nicht all zu sehr ins Detail gehen – die Fallstudie ist schließlich eine Probe Ihres Könnens und kein Projektprotokoll.

- Lassen Sie sich die Fallstudie von Ihrem Referenzkunden freigeben. Veröffentlichen Sie sie nicht ohne Erlaubnis.

- Seien Sie kreativ bei der Verwertung Ihrer Fallstudie: Laden Sie sie als PDF auf Ihre Webseite; verteilen Sie sie bei Seminaren oder Vorträgen; bereiten Sie sie multimedial auf.

Spezialtipp:

Eine ausführliche Anleitung zum Planen, Erstellen und Verwerten von Fallstudien finden Sie in meinem Ratgeber „Kunden gewinnen mit Fallstudien".

White Papers

Hochwertige Infos liefern.

White Papers eignen sich perfekt dazu, sich auch außerhalb der Blogosphäre als Experte zu positionieren. Von diesem hochwertigen Akquiseinstrument profitieren besonders Freiberufler und Unternehmen im B2B-Bereich, aber auch Profiblogger, die eigene Produkte verkaufen oder als Redner tätig sind.

Was macht White Papers so schlagkräftig? Sie helfen dem Leser, technische oder wirtschaftliche Herausforderungen zu bewältigen. Sie zeigen zum Beispiel, wie er seine Platzierung bei Google verbessern kann. Oder worauf er beim Kauf einer neuen Abfüllanlage achten muss. Damit helfen Sie Ihrer Zielgruppe beim Analysieren, Bewerten und Anwenden von verschiedenen Problemlösungen.

Und das geschieht auf objektive Art und Weise – ähnlich einem neutralen Magazinartikel. Der Verkaufsgedanke ist hintangestellt – im Gegensatz zu Broschüren oder Mailings. Es geht um Expertenwissen, nicht um Werbung.

Vorteile:

- Ein White Paper ist ein ideales Begrüßungsgeschenk für neue Newsletter-Abonnenten.

- Sie können alte Blogposts als White Paper aufbereiten – das spart Zeit.

- Sie können vom White Paper aus auf Ihre Blogposts verlinken – etwa für vertiefende Infos.

- Hilfreiche White Papers können sich viral verbreiten.

- Sie erhalten Backlinks – etwa, wenn Ihr White Paper in einem Ressourcen-Artikel auf einem anderen Blog erwähnt wird.

- Ein White Paper unterstreicht Ihr Expertenimage – das erleichtert die Akquise und das Netzwerken.

Tipps:

Wie textet man ein White Paper?

- Titel: Er springt dem Leser als Erstes in die Augen und entscheidet darüber, ob er sich Zeit für die Lektüre des restlichen Textes nimmt. Hier können Sie ähnliche Formulierungstechniken anwenden wie bei Ihren Blogposts – etwa den Nutzen betonen, Zeit- statt Hauptwörter verwenden, konkrete Zahlen nennen und natürlich auch für Suchmaschinen optimieren.

Wichtig: Der Titel darf keine Firmen- oder Produktnamen enthalten – das wirkt zu werblich.

- Einleitung: Sie beschreibt, worum es im Text geht, worauf das Paper abzielt. Die Einleitung umreißt in wenigen Worten die wichtigsten Probleme und Lösungen, die im Text behandelt werden. Der Leser erfährt, was er von der Lektüre hat und wie ihm das Paper weiterhilft.

- Problem: Beschreiben Sie die Schwierigkeiten, denen sich Ihre Zielleser gegenübersehen und für die sie dringend eine Lösung suchen. Zeigen Sie, wie diese Probleme dem Unternehmen schaden – seien es überhöhte Kosten, entgangener Gewinn oder hohe Mitarbeiterfluktuation. Untermauern Sie Ihre Argumente mit Expertenaussagen oder Statistiken.

- Lösung: Beschreiben Sie, wie der Leser seine Probleme beseitigen kann. Diskutieren Sie die verschiedenen Alternativen. Hier bieten Sie dem Leser eine objektive Entscheidungsgrundlage – Ihr Produkt/Service bleibt (noch) außen vor.

- Produktinfo: Jetzt, nachdem Sie den Leser für seine Probleme sensibilisiert und ihm einen sachlichen Überblick über mögliche Lösungen gegeben haben, können Sie Ihr Angebot ins Spiel bringen. Stellen Sie Ihr Unternehmen kurz vor, zeigen Sie, wie Ihr Produkt dem Leser in seiner Situation weiterhilft.

- Schluss: Fassen Sie die wichtigsten Erkenntnisse des Papers zusammen; sagen Sie dem Leser, was er jetzt tun soll (einen Präsentationstermin vereinbaren, ein kostenloses Beratungsgespräch buchen etc.).

Spezialtipp:

Detaillierte Infos zum Planen, Texten und Vermarkten von White Papers finden Sie in meinem Buch „Kunden gewinnen mit White Papers".

Fachartikel

Mit Expertenwissen glänzen.

An klassischen Artikelverzeichnissen wie pagewizz.com oder www.online-artikel.de scheiden sich die Geister: Manche Blogger stellen dort nach wie vor Artikel ein und profitieren nicht nur von den Backlinks, sondern auch von Besuchern, die über eine Suchanfrage auf den Artikel gelangt sind und dann auf das Blog des Autors surfen.

Für andere Blogger haben solche Verzeichnisse spätestens nach der Abwertung durch Google ihren Reiz verloren – die Artikel werden in den Google-Trefferlisten nicht mehr hoch genug gelistet, um nennenswerten Traffic zu generieren.

Aber es gibt noch andere Portale – etwa im B2B-Bereich –, die exakt auf bestimmte Zielgruppen zugeschnitten sind. Hier kann sich Artikelmarketing wirklich lohnen, zumal die veröffentlichten Texte auch via Social Media, Newsletter oder Online-Magazinen beworben werden. Auch das Umfeld ist hochwertiger und wirkt nicht so billig wie auf vielen Artikelverzeichnissen.

Beispiele:

- www.unternehmer.de
- www.business-wissen.de
- www.onpulson.de
- www.unternehmerweb.at
- www.akademie.de

Tipps:

Manche Verzeichnisse und Portale haben spezifische Anforderungen an die Gestaltung von Artikeln. Daher geben die folgenden Tipps nur eine grobe Anleitung:

- Schreiben Sie einfach, klar und leicht verständlich. Vermeiden Sie Fremdwörter, soweit es geht, halten Sie Sätze und Absätze eher kurz.

- Wie bei den Blogposts gilt auch bei den Fachartikeln: Der Titel ist das Um und Auf. Er soll den Lesernutzen vermitteln und passende Keywords enthalten. Auf Nummer Sicher gehen Sie mit Formulierungen wie „10 Tipps für …" oder „So gelingt Ihnen …" – sie versprechen wertvolle Informationen, verständlich aufbereitet.

- Beim Inhalt gilt: Nutzen, Nutzen, Nutzen. Bieten Sie dem Leser hilfreiche Informationen, mit denen er Probleme löst oder einfach glücklicher, zufriedener oder erfolgreicher wird. Geben Sie leicht umsetzbare Praxistipps; vermitteln Sie dem Leser das Gefühl, dass er etwas Neues lernt.

- Fachartikel sind nüchterne, objektive Texte – frei von jeglicher Werbung. Es geht um praktische Hilfestellung für den Leser, nicht um Marketing in eigener Sache.

- Sprechen Sie den Leser direkt an. Zum Beispiel statt „So bereitet man sich strukturiert auf eine Prüfung vor" besser „So bereiten Sie sich strukturiert auf eine Prüfung vor".

- Die Autorenbox am Ende des Artikels zeigt dem Leser, wer Sie sind, was Sie machen und wie man Sie erreichen kann. Gestalten Sie den Text kurz, griffig und ohne Selbstbeweihräucherung. Hier ist auch der Ort, wo Sie auf Ihr Blog verlinken. Weisen Sie dabei auf den Lesernutzen hin, zum Beispiel: „Mehr Insider-Tipps fürs Fliegenfischen finden Sie auf <u>fliegfisch.com/blog</u>".

- In manchen Portalen können Sie auch vom Fließtext aus auf Ihr Blog verlinken. Verwenden Sie dazu passende Keywords als Ankertexte.

- Bleiben Sie dran. Es genügt nicht, zwei oder drei Artikel zu veröffentlichen. Publizieren Sie immer wieder neue Texte – davon profitiert nicht nur Ihr Traffic, sondern auch Ihr Image als Experte.

eBooks

Kostenloses Expertenwissen, gut verpackt.

Kurze eBooks mit nützlichen Infos eignen sich nicht nur als Give Aways für neue Newsletter-Abonnenten. Sie können sie auch als Werbebotschafter für Ihr Blog einsetzen, ohne die Email-Adresse des Lesers als Gegenleistung zu fordern.

Ob praktische Anleitung, detaillierter Report oder ausführliche Checkliste: Nützliche eBooks verbreiten sich auch ohne Ihr Zutun – die perfekte Werbung für Sie.

Achtung: Vergessen Sie nicht Ihre Kontaktdaten und vor allem Ihre Blogadresse!

Tipps:

- Welches Thema sollen Sie wählen? Auf jeden Fall eines, das Ihre Zielgruppe beschäftigt, das ihr echtes Kopfzerbrechen bereitet und gleichzeitig möglichst zeitlos ist. Zum Beispiel: Ihr Blog beschäftigt sich mit Naturkosmetik. Wie wär's mit einem kurzen eBook „So sammeln und lagern Sie Kräuter richtig"?

- Das richtige Thema finden Sie zum Beispiel, indem Sie die Suchbegriffe analysieren, über die Leser auf Ihr Blog gelangen. Oder indem Sie auf Seiten wie www.gutefrage.net gehen und die meist gestellten (und am lebhaftesten diskutierten) Fragen in Ihrem Fachgebiet durchforsten.

- Halten Sie das eBook oder den Report kurz – Sie müssen kein 200-Seiten-Standardwerk zu Ihrem Blogthema kreieren. Ein solches eBook erscheint zwar auf den ersten Blick als höchst wertvolles Give Away und man würde vermuten, dass es Ihnen eine Menge neuer Besucher und Abonnenten bringt. Aber: Solche umfangreichen Werke signalisieren dem potenziellen Leser: „Achtung, Arbeit!" und überfordern ihn. Er lädt sie vielleicht runter, aber parkt sie dann irgendwo auf seiner Festplatte. Viel lieber greift er zu knackig-kurzen Reports, die ein genau definiertes Problem einfach und schnell lösen und rasch zu lesen sind.

- Bereiten Sie Ihr Give Away als Checkliste auf, als Schritt-für-Schritt-Anleitung, verwenden Sie kurze Absätze, Zwischenüberschriften, Listen – also jene Strukturen, die Sie auch bei Ihren Blogposts einsetzen.

- Laden Sie die Leser ein, das eBook weiterzugeben. Etwa so: „Möchten Sie dieses eBook an Freunde, Mitarbeiter oder Kollegen verschenken? Sehr gerne. Allerdings dürfen die Inhalte dieses eBooks nicht verändert, verkauft oder auszugsweise verwendet werden."

- Machen Sie die Welt auf Ihren Report aufmerksam: in Ihrer Email-Signatur, in Forenbeiträgen, auf Ihrer Webseite, in Ihren Social-Media-Profilen, in der Autoreninfo von Fachartikeln usw.

- Platzieren Sie eine Handlungsaufforderung am Endes des eBooks: Leiten Sie den Leser auf Ihr Blog oder auf Ihre Webseite oder schenken Sie ihm einen Gutschein für Ihren Online-Shop. Hier ist Ihre Kreativität gefragt.

Studien

Branchenrelevante Erkenntnisse sammeln.

Der große Bruder der Umfragen: Studien – und zwar nicht im Sinne von methodisch einwandfreien, wissenschaftlichen Untersuchungen, sondern von detaillierten Umfragen und Analysen. Das Ziel einer solchen Studie sollten Erkenntnisse sein, die für Ihre Branche bzw. Ihre Nische relevant und nützlich sind.

Ein Beispiel: eine Marketingumfrage für freiberufliche Coaches. Hier ließe sich eruieren, wie viele Stunden monatlich die Befragten für das Marketing aufwenden, wie groß der Zeitaufwand für Bloggen, Social Media etc. ist, welche Rolle Empfehlungen spielen, wie hoch die Ausgaben für Werbung sind usw. Ergänzt durch Angaben wie Alter der Studienteilnehmer, Umsatz, Anzahl der Berufsjahre etc. lassen sich interessante Ergebnisse erzielen.

Vorteile:

- Wenn Sie eine saubere und aussagekräftige Studie durchführen, gewinnt Ihr Blog an Autorität.

- Die Studienteilnehmer werden ihrerseits auf Ihre Studie hinweisen.

- Wenn sich andere Blogger, Journalisten etc. auf ihre Studienergebnisse beziehen, profitieren Sie von wertvollen Backlinks.

- Sie können auch versuchen, Ihre Studie als Referenz in einem thematisch passenden Wikipedia-Artikel anzuführen.

- Die Studienergebnisse können Sie auf vielfältige Weise verwerten – als eBook, in einer Pressemitteilung, als Fachartikel, Buchbeiträge, bei Vorträgen und Seminaren etc.

Tipps:

- Das Thema ist das Um und Auf: Es sollte Ihre Zielgruppe interessieren und gut als Studie umsetzbar sein. Hier können Sie zum Beispiel auf Ihre Blogstatistik zurückgreifen: Welche Artikel/Themen erhalten die meisten Zugriffe? Die meisten Kommentare oder Backlinks? Zu welchem Thema war die Beteiligung bei einer Umfrage am höchsten?

- Stellen Sie die Fragen klar und eindeutig. Machen Sie am besten einen kleinen Testlauf mit Freunden oder Kollegen, bevor Sie die eigentliche Studie starten.

- Bereiten Sie die Ergebnisse ansprechend auf, eventuell (auch) in Form einer Infografik. Diskutieren Sie die Resultate, vergleichen Sie sie mit ähnlichen Studien.

Infografiken

Informationen veranschaulichen.

Ein Artikelformat, das gerne verlinkt und weiterempfohlen wird: Infografiken. Das sind schicke Visualisierungen von komplexen Sachverhalten oder Entwicklungen, durchdachte Kombinationen von Text und Bild. Detaillierte Informationen werden anschaulich aufbereitet und damit leicht verdaulich.

Beispiele gefällig?

- pinterest.com/rtkrum/cool-infographics-gallery/

- pinterest.com/klauseck/infografiken/

- pinterest.com/dstartups/infografiken-infographics/

Vorteile:

- Mit einer hochwertigen Infografik sparen Sie Ihren Lesern Zeit, weil sie Zusammenhänge schneller erkennen und begreifen. Die Leser müssen sich nicht erst durch einen Wust aus Text und Zahlen wühlen, sondern erkennen auf einen Blick, worum es geht. Das verschafft Infografiken einen Vorteil gegenüber manchen Textartikeln und führt dazu, dass sie öfter weiterempfohlen, gebookmarked oder verlinkt werden.

- Wenn Sie öfter Infografiken veröffentlichen, verbringen die Leser mehr Zeit auf Ihrem Blog – und das wird von den Suchmaschinen gerne gesehen.

- Andere Blogger verlinken gerne auf Ihre Infografik, um Hintergründe zu veranschaulichen und sich Arbeit zu ersparen. Ihr Blog kann sich zu einer Art „Referenzblog" in der Branche entwickeln.

- Infografiken werden gerne gesammelt, etwa in Ressourcen-Blogposts oder auf Pinterest. So verbreiten sie sich ganz von selbst weiter – vergessen Sie daher nicht, die Infografik mit Ihrer Blogadresse und weiteren Kontaktdaten zu versehen.

Inhalte:

- Abläufe, Anwendungen, Anleitungen
- Statistiken
- zeitliche Entwicklungen
- Entscheidungsbäume
- Landkarten, Stadtpläne
- technische Produkte

Dies & das

Print

Offline-Medien nutzen.

Manchmal ist es schwer zu glauben, aber es gibt auch noch eine Welt außerhalb von Internet und Mobiltelefonie.

Besonders für Unternehmen gilt daher: Weisen Sie auch in Ihrer Print-Kommunikation auf Ihr Blog hin – sei es auf Rechnungen, Flyern oder Werbebriefen.

Zeigen Sie den Nutzen Ihres Blogs auf und fordern Sie den Leser auf, gleich einmal vorbeizusurfen. Zum Beispiel, indem Sie Ihre Rechnungen mit folgendem Zusatz versehen: „PS: Holen Sie sich die besten Tipps rund ums Gärtnern – jetzt neu auf unserem Blog www.gartenglueck.at!"

Der Vorteil: Solche Hinweise müssen nur einmal erstellt werden und werben dann selbsttätig für Ihr Blog.

Nutzen Sie die folgenden Ideen einfach als Checkliste:

Tipps:

- Visitenkarten

- Rechnungen

- Antworten auf Anfragen und Reklamationen

- Werbemittel (Kalender, Notizbücher …)

- Flyer und Broschüren

- Werbebriefe

- Anzeigen

- Autoreninfo bei Fachartikeln

- White Papers und Fallstudien

- Präsentationen

- Aufkleber

Signaturen

Spuren hinterlassen.

Noch eine Blogmarketing-Maßnahme, um die Sie sich nur einmal kümmern müssen: Weisen Sie in Signaturen auf Ihr Blog hin – in Form von kleinen Ein- oder Mehrzeilern, die Sie beispielsweise unter Emails oder Forenposts einfügen.

Verlinken Sie dabei nicht einfach nur auf Ihr Blog, sondern sagen Sie auch, worum es in Ihrem Blog überhaupt geht; weisen Sie auf den Nutzen hin.

Zum Beispiel:

Schon gelesen? Regelmäßig neue Textertipps auf www.textshop.biz/blog

Oder:

Lernen Sie, wie Sie gesunde Kosmetik ganz einfach selbst herstellen – auf www.naturkosmetik.nl

Stimmen Sie diese Signaturen so exakt wie möglich auf Ihre Zielgruppe und das Medium ab. So wird etwa die Signatur jener Mails, mit denen allgemeine Kundenanfragen beantwortet werden, anders lauten als jene der Vertriebsmitarbeiter.

Wichtig: Übertreiben Sie es nicht – weder bei der Länge noch bei der werblichen Formulierung.

In welchen Signaturen können Sie auf Ihr Blog hinweisen?

Tipps:

- Emails

- Forenposts (Forenregeln beachten!)

- Autoreninfo bei Gastposts

- Autoreninfo bei Fachartikeln

Newsletter

Direkt ins Postfach.

Liefern Sie neue Blogartikel bequem ins Email-Postfach Ihrer Leser – so erreichen Sie auch jene, die nicht ständig die neuesten Meldungen auf Facebook oder Twitter verfolgen oder nichts mit RSS-Feeds anfangen können.

Umfang und Frequenz des Newsletters bleiben Ihnen überlassen. Wenn Sie täglich bloggen, ist eine wöchentliche Zusammenfassung Ihrer Blogposts ideal. Wenn Sie einen Artikel monatlich veröffentlichen, versenden Sie einfach zeitgleich Ihren Newsletter.

Sie können auch die Zufriedenheit Ihrer Newsletter-Leser testen – etwa mit Online-Umfragetools. So erfahren Sie mehr über die Wünsche der Leser und können die Gestaltung des Newsletters entsprechend anpassen.

Vorteile:

- Mit einem Newsletter bringen sich regelmäßig in Erinnerung – und zwar bei solchen Lesern, die echtes Interesse an Ihrem Blog zeigen.

- Sie bauen sich eine loyale Leserschaft auf; das Vertrauen wächst.

- Sie können den Newsletter auch zum Bewerben von Produkten nutzen.

- Sie sind ein Stück unabhängiger von den Entwicklungen bei Google, Facebook etc.

- Sie können das Design des Newsletters Ihrem Corporate Design anpassen – das trägt zur Markenbildung bei.

- Sie erkennen an den Öffnungs- und Klickraten, welche Themen bei Ihrer Zielgruppe momentan angesagt sind und können Ihre weitere Blogstrategie bzw. Ihr Leistungsangebot danach ausrichten.

Tipps:

- Entscheiden Sie sich, ob Sie den Newsletter manuell oder automatisch verschicken wollen: Neben klassischen Anbietern wie CleverReach oder Rapidmail gibt es auch Online-Services, die neue Blogartikel automatisch an die Abonnenten versenden.

- Fordern Sie die Leser auf, den Newsletter zu abonnieren. Das kann eine kurze Aufforderung am Ende Ihrer Artikel sein oder ein prominent platzierter Button („Jetzt Newsletter abonnieren!"). Beschreiben Sie, was der Leser davon hat, wenn er sich für Ihren Newsletter anmeldet.

- Halten Sie ein attraktives Begrüßungsgeschenk bereit – etwa ein kurzes eBook, eine Fallstudie oder ein mehrteiliger Email-Kurs.

- Texten Sie überzeugende Überschriften. Ein wirksames Format sind „So-geht's-Headlines", zum Beispiel „So gelingen köstliche Pilzgerichte". Auch das Listenformat ist ideal: „10 Tipps für starke Werbebriefe".

- Formulieren Sie einen knackigen Teaser für jeden Ihrer Artikel und verlinken Sie auf das Blog. So ziehen Sie den Leser auf Ihr Blog, wo er sich dann (hoffentlich) weiter umsieht, kommentiert, ein Produkt bestellt oder eine Anfrage hinterlässt.

- Erhöhen Sie die Leserbindung, indem Sie exklusive Inhalte bringen oder spezielle Angebote machen.

- Gestalten Sie (Sonder-)Newsletter zu einem bestimmten Thema – etwa „Unternehmensblogs" oder „Social Media". Verweisen Sie darin nicht nur auf aktuelle Blogposts, sondern auch auf Archivartikel.

Pressemitteilungen

Machen Sie PR.

Wenn Sie bloggender Unternehmer sind, ist Ihnen die Pressearbeit wahrscheinlich vertraut. Aber auch für andere Blogger können Pressemitteilungen sinnvoll sein: Wenn Sie regelmäßig in branchenrelevanten Medien erscheinen, wirken Sie professionell und ziehen nicht nur neue Leser an, sondern auch interessante Werbe- und Kooperationspartner oder Journalisten, die Sie interviewen möchten. Außerdem profitieren Sie von Backlinks.

Zum Verteilen können Sie kostenlose oder kostenpflichtige Portale nutzen – vergleichen Sie vorher den Nutzen und die Reichweite der Anbieter. Eine Übersicht finden Sie hier: www.pr-gateway.de/presseportale.

Und so schreibt man eine Pressemitteilung:

Tipps:

- Bieten Sie genügend Nachrichtenwert: Veröffentlichen Sie zum Beispiel die Ergebnisse einer Umfrage, die Sie unter Ihren Lesern durchgeführt haben. Weisen Sie auf ein Interview mit einem internationalen Experten hin. Berichten Sie über Ihr 10-jähriges Blogjubiläum und über das Gewinnspiel, das Sie aus diesem Anlass durchführen. Kündigen Sie die Veröffentlichung eines Buches an, das aus Ihren beliebtesten Blogartikeln besteht.

- Wählen Sie eine aussagekräftige Überschrift: Die aktuelle Nachricht gehört in den Titel der Pressemitteilung, denn dieser entscheidet darüber, ob die Redaktionen Ihren Text überhaupt lesen. Das heißt: Fassen Sie in 3 bis 7 Worten zusammen, was den Leser in der Pressemitteilung erwartet. Binden Sie relevante Keywords mit ein.

- Beantworten Sie die „W-Fragen": Im ersten Satz erwartet der Redakteur Fakten, Fakten, Fakten. Er will wissen, wer was macht, wie, wann, wo und warum. Beantworten Sie diese „W-

Fragen" kurz und knapp – dadurch sparen Sie dem Redakteur wertvolle Zeit.

- Schreiben Sie kurz und bündig: In den folgenden Absätzen können Sie genauere Infos liefern. Beispiel Gewinnspiel: Welche Preise gibt es? Wie können die Leser mitmachen? Wie lange läuft das Gewinnspiel?

Alle wichtigen Informationen sollten im ersten Drittel der Pressemitteilung enthalten sein, gefolgt von ergänzenden Anmerkungen (Seit wann besteht Ihr Blog? Wie viele Leser hat es? Welche Themen behandelt es? Wer ist die Zielgruppe?). Dann freut sich der Redakteur, denn er kann den Text problemlos vom Ende her kürzen und ihn damit jedem Medium anpassen.

- Liefern Sie Infos zu Ihrer Person/Firma: Fassen Sie die wichtigsten Fakten über sich bzw. Ihr Unternehmen in einem abschließenden Absatz zusammen: Standort, Mitarbeiteranzahl, Gründungsjahr, Geschäftsbereiche usw.

- Bleiben Sie sachlich: Eine Pressemeldung ist kein Werbetext. Auch wenn Sie noch so begeistert sind von Ihrem Blog – schreiben Sie weder werblich noch unsachlich. Drücken Sie sich nüchtern und objektiv aus, übertreiben Sie nicht und schreiben Sie verständlich.

Vermeiden Sie Fremdwörter und Fachausdrücke, formulieren Sie Ihre Sätze kurz und eindeutig. Ziehen Sie das Aktiv dem Passiv vor, so erhalten Sie einen dynamischen Text.

- Sorgen Sie für einen übersichtlichen Aufbau: Als Faustregel gilt: Eine Pressemitteilung sollte auf eine A4-Seite passen, eventuell ergänzt um ein „Fact Sheet" des Unternehmens. Verwenden Sie einen Zeilenabstand von 1 ½ Zeilen, gliedern Sie den Text in lesefreundliche Absätze und lassen Sie rechts rund 5 cm Platz zum Redigieren. Auch informative Zwischenüberschriften sind wichtig für einen klaren Aufbau.

Vergessen Sie nicht, einen Ansprechpartner samt Kontaktdaten anzugeben. Und dieser muss jederzeit erreichbar sein.

Kreative Produkte

Mit Kreativität auf sich aufmerksam machen.

Sind Sie ein bloggender Designer? Fotograf? Programmierer? Dann setzen Sie Ihre Kreativität ein, um neue Blogleser zu gewinnen. Und zwar, indem Sie kleine, kreative Gratis-Produkte gestalten, die in Ihrer Branche gebraucht werden und die untrennbar mit Ihrem Namen und Ihrer Blogadresse verknüpft sind.

Vielleicht finden sich in Ihrer virtuellen Schublade witzige Ideen, die Sie ursprünglich für ein Kundenprojekt entwickelt haben. Oder Sie haben nützliche Werkzeuge für sich selbst umgesetzt, die auch für eine breitere Öffentlichkeit interessant sind.

Beispiele:

- Sie bloggen in einer engen Nische und können gut fotografieren? Dann stellen Sie Ihren Bloggerkollegen doch ansprechende Fotos zur Verfügung, mit denen sie ihre Blogartikel aufpeppen können – gegen Namensnennung und Verlinkung.

- Produzieren Sie unterhaltsame oder informative Videos und stellen Sie sie auf Youtube.

- Kreieren Sie eine neue Schriftart und benennen Sie sie nach Ihrem Blog.

- Erstellen Sie witzige Cartoons, die Sie zur kostenlosen Nutzung freigeben.

- Gestalten Sie Templates oder Widgets.

- Überlegen Sie sich kleine Helferlein, die den Arbeitsalltag erleichtern – etwa praktische Kalkulationsvorlagen.

Wikipedia

In der Wissenssammlung vertreten sein.

Wer einen Artikel auf Wikipedia (de.wikipedia.org) liest (zum Beispiel über Heilkräuter), zeigt echtes Interesse am Thema. Er sucht aktiv nach Informationen – und ist somit der ideale Leser für Ihr Blog (sofern sich dieser mit Heilkräutern beschäftigt).

Versuchen Sie deshalb, den Wikipedia-Artikel mit nützlichen, objektiven Informationen zu ergänzen (oder schreiben Sie einen neuen Artikel, falls es noch keinen zu Ihrem Thema gibt) und geben Sie als Quelle einen Ihrer Blogartikel an.

Verwenden Sie diese Strategie nicht nur bei Überbegriffen wie „Heilkräuter", sondern auch bei Unterkategorien wie speziellen Kräuterarten.

Wenn Sie wirklich hochwertige Infos beisteuern und nicht negativ als Spammer auffallen – und mit ein bisschen Glück –, wird der Verweis zu Ihrem Blog akzeptiert.

Ein Tipp: Am Ende eines Wikipedia-Artikels finden Sie einen Link zur Abrufstatistik. Hier können Sie sehen, wie oft der Artikel monatlich gelesen wird.

Vorteile:

- Sie erhalten zielgerichteten Traffic.

- Ein Eintrag auf Wikipedia ist ein einmaliger Aufwand und bringt Ihnen langfristigen Traffic.

- Wer als Quelle auf Wikipedia angegeben wird, erhält einen Vertrauensvorschuss der Leser.

Branchenverzeichnisse

Sich eintragen.

Ein Tipp für bloggende Unternehmen und Freiberufler: Stellen Sie sicher, dass Sie in den wichtigsten Firmen- und Branchenverzeichnissen vertreten sind. Überprüfen Sie, ob auch Ihre Blogadresse angeführt wird.

Beispiele:

- Gelbe Seiten

- lokale Branchenseiten

- Online-Marktplätze

- Innungsseiten

- Branchenbücher der Handelskammern

- Lieferantensuchmaschinen

- Firmenverzeichnisse

Verzeichnisse

Sich entdeckbar machen.

Besonders für Bloganfänger zu empfehlen, die erste Backlinks und Besucher gewinnen wollen: Web-Verzeichnisse. Hier werden Webseiten und Blogs nach Themen aufgelistet. Und Leser, die sich über ein bestimmtes Thema informieren wollen, können bequem in passenden Blogs stöbern.

Auch wenn die Bedeutung solcher Directories im Laufe der Zeit abgenommen hat, lassen sie sich zumindest als kleine Starthilfe für neue Blogs nutzen.

Sie können zum Beispiel den RSS-Feed Ihres Blogs in ein RSS-Portal eintragen. Immer, wenn Sie einen neuen Blogpost veröffentlichen, wird dessen Überschrift samt Teaser im Verzeichnis gelistet (und eventuell automatisch an andere Directories weitergeleitet). Einen Überblick finden Sie auf www.blog-feed.de/rss-verzeichnisse/.

Vorteile:

- Sie profitieren von Backlinks und runden das Backlinkprofil Ihres Blogs ab.

- Manche Leser suchen in Verzeichnissen nach bestimmten Themen und Branchen und gelangen so auf Ihr Blog.

- Der Eintrag ist ein einmaliger Arbeitsaufwand.

Tipps:

- Achten Sie darauf, dass Sie hochwertige und professionelle Verzeichnisse mit Pagerank und ohne Backlinkpflicht wählen – Klasse sollte vor Masse gehen.

- Wählen Sie beim Eintrag die richtige Kategorie aus und formulieren Sie die Blogbeschreibung sachlich, nicht werblich.

- Variieren Sie den Beschreibungstext bei jedem Verzeichnis.

- Integrieren Sie wichtige Keywords im Titel und in der Beschreibung, ohne dabei zu übertreiben.

- Tragen Sie sich nach und nach in die Verzeichnisse ein; melden Sie sich nicht überall am selben Tag an.

Literatur

Firnkes, Michael: Blog Boosting: Marketing / Content / Design / SEO. Heidelberg et al, 2012.

Internetquellen:

googlewebmastercentral.blogspot.co.at/2011/05/more-guidance-on-building-high-quality.html

hellboundbloggers.com

iaffiliatemarketingtips.com

impulseblogger.com

mashable.com

superbloggingtips.com

tommy.ismy.name

writetodone.com

www.anoldbooklook.com

www.blogging-the-beginners-complete-guide.com

www.blogohblog.com

www.blogprojekt.de

www.blogussion.com

www.empowernetwork.com

www.oddblogger.com

www.problogger.net

www.selbstaendig-im-netz.de

www.self-publishing-coach.com

www.seomoz.org

www.socialmediaexaminer.com

Die Autorin

Ich arbeite als freie Werbetexterin, Journalistin und Fachautorin in Innsbruck – schon seit mehr als zehn Jahren. Meine Kunden sind Unternehmen, Agenturen und Verlage in den unterschiedlichsten Größen und Branchen: vom Pharmakonzern bis zur Lustermanufaktur, vom Tourismusverband bis zum Baumeister. In A, D, CH und I.

Seit 2010 verfasse ich Bücher/eBooks zu den Themen Werbetext, Marketing und Bloggen. Sie sind schlanke Ratgeber für viel beschäftigte Praktiker: kompakt, Zeit sparend, sofort umsetzbar.

Noch ein paar Fakten:

Jahrgang 1974; promovierte Betriebswirtin; Praxiserfahrung in Banken, Handel und Unternehmensberatung; Mitglied des Markenmanagement-Netzwerkes brandpi.

Mehr ...

... Text- und Marketingwissen gibt's in meinem Newsletter (abonnieren auf www.textshop.biz/cat/index/sCategory/1181)

... nützliche Tipps finden Sie auch in meinem TextShop: www.textshop.biz

Fragen?

Ich bin gerne für Sie da: office@textshop.biz

Weitere Bücher der Autorin

55 Artikelideen für Ihr Blog

Egal, ob Sie für ein Unternehmensblog verantwortlich sind, zu den bloggenden Freiberuflern gehören oder als Profiblogger Ihr Geld verdienen:
Ihr Blog will regelmäßig mit frischen Inhalten gefüllt werden.

Nur: Die passenden Ideen fallen nicht (immer) vom Himmel. Besonders
in stressigen Zeiten sitzt man dann nervös vorm Bildschirm, wissend, dass
die Leser schon auf den neuen Artikel warten – doch das Gehirn ist wie
leergefegt.

Hier kommt mein Buch ins Spiel.

Es liefert Ihnen 55 starke Tipps für hochwertige Blogposts: ausführlich
beschrieben, leicht umsetzbar und mit vielen Beispielen – ein umfassender
Ideenpool, auf den Sie jederzeit zurückgreifen können.

ISBN 978-1479297474

Starke Webtexte. So texten Sie Ihre Website selbst

Sie wollen Ihre Webseite selber texten? Oder Ihre bestehenden Texte
optimieren? Sie suchen dazu eine kompakte Anleitung?

In diesem Praxisleitfaden erfahren Sie, wie Sie eine klassische Webseite
verfassen – von der Startseite über die Produktseiten bis hin zur Über-
mich-Seite und das Impressum.

ISBN 978-1479236091

Starke Broschüren. Die besten Ideen für Text und Konzept

Wissen Sie, wie Sie eine überzeugende Broschüre erstellen? Worauf Sie
beim Texten achten müssen? Wie Sie aus Lesern zahlende Kunden machen?

Die Antworten darauf finden Sie in meinem Buch – mit vielen praktischen Tipps rund um Text und Konzeption.

ISBN 978-1479304288

Starke Mailings. So texten Sie wirksame Werbebriefe

Sie wollen ein Mailing versenden? Sie sind sich aber beim Texten unsicher und hätten gerne eine kompakte Anleitung?

Dann ist dieser praxisbezogene Leitfaden genau richtig. Freiberufler und KMU finden hier leicht verständliches Basiswissen rund ums Texten von verkaufsstarken Werbebriefen.

ISBN 978-1479279357

Starke Flyer. So gelingen Text und Konzept

Sie planen einen Flyer? Wissen aber nicht so recht, wie Sie ihn aufbauen sollen? Oder worauf es beim Texten ankommt?

Die Antworten darauf finden Sie in diesem Praxisleitfaden – mit vielen Tipps rund um Text und Konzeption von Flyern und Foldern. Ein kompakter Ratgeber für Freiberufler, Unternehmen und Agenturen.

ISBN 978-1479267347

Kunden gewinnen mit White Papers

Sie wollen mit White Papers neue Kunden gewinnen? Sie möchten mit Expertenwissen punkten? Und damit wichtige Entscheidungsträger überzeugen?

Wie das geht, erfahren Sie in diesem praxisnahen Ratgeber. Sie erhalten eine kompakte Anleitung fürs Schreiben von White Papers.

ISBN 978-1479285099

Kunden gewinnen mit Fallstudien

Sie wollen mit Fallstudien neue Kunden gewinnen? Sie möchten wissen, wie Sie eine Erfolgsgeschichte überzeugend texten? Und wie Sie das Maximum rausholen?

Dann ist dieser praxisorientierte Leitfaden genau richtig – eine knackige Anleitung rund ums Konzipieren und Schreiben von Fallstudien.

ISBN 978-1479285099